莊子陪你走紅塵

王溢嘉 著

自序

紅塵逍遙的生命智慧

四十多年前，我剛上台北念大學不久，就在商務印書館買了一本李鍾豫的《語體莊子》，認眞研讀，讀到精采處還頻頻在書裡畫紅線、做眉批。有時讀到深夜，從燈下抬起頭來，望向窗外，一片靜寂與昏暗，但我心中有靈光閃耀，密音呼喚。在那個渴望掙脫世俗羅網、追尋自我、探索生命奧義的青春年代，莊子成了我重要的精神導師之一。

大學畢業，在日漸以寫作爲業後，每當談到跟人生視野或生命哲學有關的問題時，我就會想起莊子，而經常援引他的觀點與讀者分享。我受惠於莊子的，不只是寫作而已，他還深深地影響我的人生觀、知識觀、價値觀和自然觀，甚至我的棄醫從文。一年多前，當許悔之忽然邀我寫一本談莊子的書時，我一時受寵若驚，但也欣然同意。受寵若驚的是歷來談莊解莊的都是哲學系或中文系的大師名家，不知悔之是「慧眼獨具」還是「詩眼昏花」，居然看上我這個「化外之民」？欣然同意的是既然我對莊子情有獨鍾，而且深受其惠，我很樂意將我的一些心得做全盤性、有系統的整理，提供給有興於想要做自己、參透生命奧義、逍遙紅塵的人做參考。

也正因爲如此，我對《莊子》一書不做學術上或文本方面的討論，而純粹從一個現代知識分子的角度來閱讀與觀想，談的是《莊子》這本書或莊子這個人讓我產生什麼樣的感觸，以及能爲現代人帶來什麼樣的啓發，好似他就是在你我身邊，陪伴我們走過滾滾紅塵的一個智慧老人。我甚至跨越時空，讓莊子到蘋果樹下去回答牛頓的問題；想像賈伯斯如果在另一個世界裡向莊子推銷 iPhone，莊子會有什麼反應？就像司馬遷說莊子「其言洸洋自恣以適己」，我也希望能以新穎而活潑的方式來談論莊子。

當然，爲了讓讀者對莊子哲學有較完整的理解與方便自己的陳述，我還是需要一個清晰有條理的結構與循序漸進的脈絡，所以我將《莊子》一書細部分解，將它們重新安置在〈走出相對的世界〉、〈找到安適的位置〉、〈培養深廣的見識〉、〈認清實際的需要〉、〈流露眞摯的感情〉、〈建立圓融的關係〉、〈保持祥寧的心境〉、〈回歸自然的大道〉八個篇章、八十個子題裡；每個子題都從現代生活中常見的問題出發，譬如貴賤窮達、生涯抉擇、學習深造、欲望滿足、競爭成敗、情緒管理、生態環保等等，然後借箸代籌，看看兩千多年前的莊子能給我們什麼建議，並佐以大家耳熟能詳的王菲、成龍、梭羅、比爾・蓋茲等名人的際遇，在古今輝映中，讓他的建議更具現代性與說服力。當我從《莊子》書中耙梳出與現代人諸般處境相對應的觀點，並與柏拉圖、羅素、達爾文、李維史陀等西方大哲的論點做對照時，我不得不佩服莊子的智慧，這些觀點在與西方相較之下，不僅不遑多讓，擲地依然鏗鏘有聲（不會因時間而改變者，方能稱為智慧），而且對迷惘的現代人更有提神醒腦、震聾啓聵的作用。

這本書雖然為現代讀者而寫，但也可以說是為四十多年前，那個在燈下認真研讀《莊子》的年輕時代的我而寫。如今的我彷彿在對昔日的那個我說：「這些是你以後就會明白的道理，記得到時要說給另一些人聽。」

——王溢嘉

目錄

第二篇　找到安適的位置

第三篇　培養深廣的見識

第四篇

認清實際的需要

第五篇　**流露真摯的感情**

第六篇　**建立圓融的關係**

第七篇 保持祥寧的心境

第八篇 **回歸自然的大道**

「逍遙遊」的現代含意是：掙脫感官與思維的鎖鏈，走出柏拉圖的洞穴，破除由大小、多寡、長短、對錯、得失、順序所衍生出來的貴賤、優劣、善惡、智愚、甘苦之別，從「相對論」進入「齊物論」，超越各種偏見和成見，以大視野、大胸襟、大格局來重新觀照和定位自己的人生。

生命幻影——對滾滾紅塵的重新觀照

如果你對人生感到迷惑，而想做一番清理，那恐怕要先問你對人生、世界和自己有多少認識？這些認識又可以信賴到什麼程度？莊子用「罔兩問影」的寓言告訴我們，我們所認識的自己、世界和人生並非眞實，而只是眞實的影子。

仔細觀察可以發現，環繞在我們慣稱的影子周圍還有一層影外微陰，它就叫「罔兩」，也可說是我們的第二個影子。在〈齊物論〉裡，罔兩看影子一下子移動一下子又停止，問它爲什麼這麼沒有主見？影子回答說它也不知道，只覺得好像受什麼東西擺布。在〈寓言〉篇，當罔兩又提出同樣的問題時，影子做了較詳細的回答：

我如此活動，自己卻不知道為什麼會這樣。我就像蟬脫下來的殼、蛇蛻下來的皮，跟本體相似卻又不是事物本身。火與陽光出現，我就顯明；陰暗與黑夜來臨，我隨之隱息。……它們活動我就隨之活動。1

罔兩對影子的疑問，其實也是我們對自己的疑問：「我現在爲什麼會這樣想？剛剛爲什麼會那樣做？」而影子的回答讓人想起希臘哲學家柏拉圖的洞穴寓言：在一個洞穴裡，有一群從小就被監禁的囚犯，雙腳和脖子都被鐵鍊縛住。他們身前有一堵白牆，身後則燃燒著一堆火；他們唯一能看到的是自己及身後事物在白牆上的投影。因爲從未看過其他東西，他們很自然地以爲那些影子就是唯一的眞實，如果洞穴內有什麼聲響，也被認爲那是影子所發出的聲音。

莊子與柏拉圖用類似的寓言表達了同樣的看法：如果把人的感官和思維看做光，那我們對事物的觀照就猶如光的照射，你所認識到的自己、世界和人生只是感官和思維的投影，它們就像影子、蟬殼或蛇皮，跟本體相似卻又不是事物本身。感官和思維較清晰（光線較強），看到的也許會清楚一些，但畢竟還是影子，只是模糊度不同罷了（就像影子與罔兩的差別）。但多數人卻認爲那是唯一的眞實，並對它們深信不疑。

《呂氏春秋》裡有個故事說：某人丟了斧頭，他懷疑是鄰居的孩子偷的，於是他看那孩子走路的樣子、臉上的表情、說話的腔調，無一不像個偷了斧頭的竊賊。後來，這個人在山谷裡找到了他遺失的斧頭。幾天後，再看鄰居的小孩，卻發現他的動作、態度，沒有一樣是像小偷的。這個故事很生動地說明了莊子和柏拉圖的觀念：我們無法認識「眞實的小孩」，我們所認識的只是自己感官、思維、知見與好惡在小孩身上的投影。對小孩的認識如此，對其他事物及自己的認識也無一不是如此。

在柏拉圖的寓言裡，有一個人後來掙脫鎖鍊，逃出洞穴，看到外面眞實而又美麗的世界。莊子就是這樣一個人，他將他的體驗寫成《莊子》這本書，想告訴那些依然被囚禁的人什麼是眞實、什麼是虛幻、什麼是人生的大道。如果你對人生感到迷惑，而想爲自己找到新的定位與方向，那莊子就是你想要找的人，他將告訴你如何掙脫自己感官與思維的鎖鏈，用新的認知方式去觀照紅塵的一切，讓你開始截然不同的人生。

1 予有而不知其所以。予，蜩甲也，蛇蛻也，似之而非也。火與日，吾屯也；陰與夜，吾代也。……彼強陽則我與之強陽。——〈寓言〉

人間逍遙

讓精神蛻變的生命神話

世界是一個大舞台，人生是一場大戲。我們每個人不只遊走於舞台上，扮演各種角色，還經常坐在舞台下，當個看戲的觀眾。更多時候則是邊演邊看、邊看邊演，而「怎麼看」似乎比「如何演」來得重要，最少是個更基本的問題，因爲我們總是先看別人如何演，然後從中得到自己演出的靈感。而且觀念決定行動，我們對人生的看法左右了我們的演出。

要怎麼看人生這場大戲？首先看格局，人生的格局要大。在中國過去的思想家中，爲我們描繪的人生格局最大的，我想非莊子莫屬。翻開《莊子》一書，第一段就氣象恢弘：

北海有一條魚，名字叫做鯤，鯤的巨大，不知道有幾千里。化而為鳥，名字叫做鵬，鵬的背，也不知道有幾千里；奮起而飛，牠的翅膀就好像垂天的雲。這隻鳥，在海動風起時，就遷往南海。那南海，就是天池。[1]

也許有人會說，格局很大沒錯，但未免太過神話！其實，巨魚和大鳥的互相轉化原本就是環北太平洋地區的遠古共同神話。就像心理學大師榮格所說，在表達生命時，神話不僅比事實更迷人，甚至更精確，因為它們總是觸及某些神祕、屬於永恆的東西。用神話來比擬人生，可以說是我們從人類的精神遺產中擷取靈思，藉以感動及豐富自己生命的一種途徑。每個人都應該擁有自己的生命神話，在宇宙的偉大詩篇中，找到屬於自己的故事、寓言、圖騰或著象徵。

前面這則寓言，可以說是莊子為我們提供的一個理想的生命神話。在人生的旅途中，將自己視為由北海的巨鯤化生，振翅飛往南海天池的大鵬，正是我們需要的大格局。當然，這個大格局不是用魔棒一揮，呼之即來：

水的聚積不夠深厚，負載大船就沒有力量。……風的強度如果不大，承負巨大翅膀就沒有力量。2

所謂「海闊憑魚躍，天空任鳥飛」，只有大海才容得下巨鯤，只有高空與大風才能讓大鵬展翅。想要有大格局的人生，就必須先有如大海般的胸襟，如高空般的視野。其次，生命要想獲得提升，就必須經歷一個「蛻變」的過程，不只像巨鯤化為大鵬這種形體上的改變，更重要的是精神上的脫胎換骨，也就是要以不同的思維和認知重新去觀照這個世界和自己的人生。

這也是莊子「逍遙遊」的現代含意：「逍」意為消解——去除束縛自己的種種觀念與知見，而最先要去除的就是自覺卑微渺小的看法；「遙」意為開闊無垠——以大視野、大胸襟來看世界、體驗人生；「遊」意為自在悠遊——像個旅人，自由自在、怡然自得地悠遊於這個塵世。

1 北冥有魚，其名為鯤。鯤之大，不知其幾千里也。化而為鳥，其名為鵬。鵬之背，不知其幾千里也。怒而飛，其翼若垂天之雲。是鳥也，海運則將徙於南冥。南冥者，天池也。——〈逍遙遊〉

2 且夫水之積也不厚，則其負大舟也無力。……風之積也不厚，則其負大翼也無力。——〈逍遙遊〉

天差地別——世界因你的認知而改變

如果要你遠離人群，一個人到深山裡獨居，你會有什麼感覺？

首先恐怕要先問你是怎麼看遠近、大小、多寡的。美國自然主義作家梭羅在二十八歲時辭去工作，獨自到森林裡的華爾登湖畔蓋間小木屋，過著隱居生活，並將這段經歷寫成膾炙人口的《湖濱散記》。當他獨自在森林裡過活時，有人問他：「你一個人住在這麼偏僻的地方，不會覺得孤單寂寞嗎？」梭羅回答說：「怎麼會？地球只是宇宙中的一個小點，而我們都擠在這個小點裡。」

如果你認爲地球很大，你住的地方離人群很遠，那你一個人深山獨居難免會感到孤單寂寞；但如果你認爲地球像一粒小米，和這麼多人擠在一粒小米裡，那你可能就會覺得既熱鬧又溫暖。不同的認知會讓我們產生不同的感受，梭羅的看法讓人想起莊子所說的：

明白天地如同一粒小米，知道毫毛如同一座山丘。[1]

梭羅像一百多年前的知識分子，對宇宙和天文學已經有了基本的認識，但兩千多年前的莊子爲什麼也明白「天地如同一粒小米」呢？這主要來自他睿智的「相對性」認知：既然站在地面看遙遠天際的星星，會覺得它們小如米粒，那麼站在那些星星上面回望我們所居之地（地球），也會覺得它小如米粒。另外，「無限」的概念也使所有可計量的東西都產生了相對性，不管你多大，總還有比你更大的；不管你多小，總還有比你更小的。所以，被大家認為大的其實不大，而被認為小的其實也不小，用另一個標準來衡量，可能就變得很大：

這世界上沒有比秋天毫毛的末端更大的東西，而泰山算是小的。2

莊子會這樣說，主要是想打破一般人在認知世界時僵化的差別觀。他提醒我們，所謂的大小、長短、輕重、遠近、多寡等其實都是相對的，要看和什麼對象做比較，用的又是什麼度量標準。與毫毛做比較，泰山當然很大，但若和地球相較，它就變得很小；毫毛看似很小，但在電子顯微鏡下或用奈米的尺度來衡量，它就變成了龐然大物。

對梭羅來說，「池塘是一個小海洋，而大西洋不過是一個大的華爾登湖」，他在這方面的認知可說與莊子不謀而合。其實，古今中外的很多智者也都有類似的看法，王陽明的一首詩〈蔽月山房〉就說：「山近月遠覺月小，便道此山大於月；若人有眼大如天，還見山高月更闊。」要有這種認知，就需要有大眼界。

不同的認知會讓我們對世界、自己和人生產生截然不同的感受。打破僵化的差別觀，學習用相對的角度去觀照、去體會，當你置身於一個小地方時，如果能把它看得很大，那你就會發現其中有著等待你去挖掘、玩味的無盡寶藏；而當你置身於一個大地方時，如果能把它看得很小，那你的心胸就會變得更寬闊與輕鬆。於是，你在滾滾紅塵中就能得到大自在。

1 知天地之為稊米也，知毫末之為丘山也。——〈秋水〉

2 天地莫大於秋毫之末，而太山為小。——〈齊物論〉

萬物一齊——撕掉優劣、貴賤的標籤

如果問：「大象和螞蟻誰比較聰明？」很多人會說是「大象」，而且可以把「爲什麼」說得舌燦蓮花。但如果大象變成像螞蟻那樣小，而螞蟻變得如大象那般大，那很多人可能就會改口說「螞蟻比較聰明」，同樣可以說出頭頭是道的「理由」。其實，造成差別判斷的最主要原因，是我們在不知不覺間受到了大小的迷惑，而以「大小」來做爲衡量牠們「智愚」的一個依據。

萬物與世人，不僅有大小、長短、輕重之分，更從中衍生出貴賤、優劣、善惡之別。後一類的差別觀屬於價值判斷，會讓人產生更大的情緒反應，甚至左右人生的方向。莊子希望大家不要再受到這一類價值差別觀的愚弄，他提醒我們：

從道來看，萬物本沒有貴賤的分別；從物來看，則各自以為貴而互相賤視；從流俗來看，貴賤都由外來而不在事物自身。1

貴賤、優劣、善惡並沒有像公尺、公斤這種客觀的衡量標準，不僅有相當的主觀性，而且一個人覺得「貴」的，很可能被另一人認爲「賤」。它們並非物與人的本質，而是人們強行附加上去的。心理學家威爾森做過一個有趣的實驗：他向三組大學生介紹一位老師，分別賦與講師、副教授、教授的頭銜，然後要學生估量該師的身高。結果，該師的地位每上升一級，被估量的身高就多出約二公分。這顯示在多數人的認知裡，高矮與優劣有一種虛幻的聯結。認知雖是虛幻的，但卻會產生實質的影響。幾年前，普林斯頓大學的一項研究指出，無論男女，個子每高十公分，平均收入就會增加一〇％。

高個子眞的比較優秀嗎？沒有人知道，但矮子倒是經常受人嘲弄。美國知名作家奧利佛．霍爾姆斯身材矮小，某日去參加一個會議，與會者個個身材高大，有位仁兄揶揄說：「霍爾姆斯博士，在這些大個子中，你一定覺得自己很渺小吧！」霍爾姆斯回答：「沒錯，我覺得自己就好像混在一大堆銅幣中的一枚小銀幣。」相信很多人都會給予霍爾姆斯喝采，認爲他以「反將一軍」的手法破除對方的迷障。但莊子可能無法苟同，因爲把高個子說成不值錢的銅幣，同樣是在貶低對方。莊子希望大家不要「各自以爲貴而互相賤視」，他奉勸我們能從「相對論」進入「齊物論」：

從小的角度去看大，看不到全面；從大的角度去看小，會看不分明。……大小各有各的合宜之處，這才是事物固有的態勢。2

所謂「尺有所短，寸有所長」，每個人、每樣東西都各有長處，也各有短處，各有存在的道理和價值。「萬物一齊，孰短孰長？」宇宙萬物本是渾同齊一的，分什麼長短、大小？說什麼優劣、貴賤呢？所以，我們要養成一種好習慣：在看待他人及周遭事物時，不要先將他們貼上優劣、貴賤的標籤，在反觀自身時，不可爲自己的大或高而驕傲，更不必對自己的小或低而自卑，一切「等價齊觀」，那你不僅會豁達許多，而且也能慈悲許多。

1 以道觀之，物無貴賤；以物觀之，自貴而相賤；以俗觀之，貴賤不在己。——〈秋水〉

2 夫自細視大者不盡，自大視細者不明。……故異便。此勢之有也。——〈秋水〉

告別中心——你的台北是我的太麻里

在人生的大舞台上，你有你的位置，我有我的位置，而且大家都不時在移動之中。但移動有個趨勢，那就是多數人都拚命想往城裡鑽，朝中心靠，因為大家認為能活躍於繁華的都會中心，乃是成功貴顯的指標；而若只能在寒傖的都市邊陲或窮鄉浮沉，則是失敗窮賤的跡象。這種中心與邊陲的差別，拉出了人與人的距離，也製造出得意與落寞、歡樂或愁苦不同的兩樣情。如果你為流落於邊陲而哀愁或為活躍於中心地帶而得意，那莊子會告訴你：

我知道天下的中心是在燕國（今河北）的北方，越國（浙江）的南方。1

照常理，天下的中心應該在燕國和越國之間，也就是中原一帶，怎麼反而在邊陲之外呢？莊子會這樣說，其實是要打破我們對中心與邊陲的僵化看法。地球是圓的，地球上的每一個點都可以是天下的中心，但也是另一個中心的邊陲。這正是莊子相對論與齊物論中重要的一環，中心與邊陲的關係不僅是相對的，而且還不斷在改變。翻開歷史，有多少國家和城市一再更換它們的中心與邊陲關係？更重要的是，眞正能成爲中心的是人，而非地方。

譬如二十世紀最偉大的大提琴家卡薩爾斯是西班牙人，二次大戰後隱居於法國庇里牛斯山腳下的小鎭普拉達，拒絕回到由獨裁者佛朗哥統治的西班牙，同時也拒絕到英美等對佛朗哥政權立場曖昧的國家演出。結果山不轉水轉，一九五〇年，世界知名的五十位音樂家和數千名聽衆齊聚普拉達，舉辦第一屆普拉達卡薩爾斯音樂節。隨後連續好幾年，這個偏僻小鎭竟因此而成爲「世界音樂的中心」。

但即使是人，也不可能永遠站在舞台的中心，終歸要讓出位置給後繼者。所以，不管是地方或人，它們的中心與周邊、貴與賤的關係，是不斷在更迭的。

從道的觀點來看，無所謂貴賤，貴賤是反覆無端的；不要拘束你的心志，致使和大道相違。2

台北和太麻里這兩個地方，本來並沒有中心邊陲之分、貴賤窮達之別。眞正在作祟的是個人的想法。從世俗的角度來看，台北是中心，太麻里是邊陲；但對很多排灣族來說，太麻里才是他們的中心，台北不過是邊陲。你有你的中心，我有我的中心，住在台北有什麼好得意？身處太麻里又有什麼好嘆氣的呢？爲一些人爲的座標和附加屬性產生情緒困擾，只表示你沒有自己的中心思想，依然受到別人僵化觀念的洗腦、制約，而且還不想自求解脫。

中古歐洲的傳奇人物亞瑟王，少年時代跟隨梅林魔法師學藝，對自己的僻處山野一直悶悶不樂。梅林看出他的心事，某日，當亞瑟又站在高崗上望著遠方發呆時，梅林告訴他：「從你站立之處往四面八方看都沒有盡頭，所以你所在的地方就是宇宙的中心。」少年亞瑟牢記師父的教誨，藝成下山後，開創驚天動地的事業，成為最傳奇的武士和最偉大的國王，所有的人和事都環繞他發生，兌現了梅林魔法師對他的期許和預言：他每到一個地方，那裡就成為宇宙的中心。

梅林魔法師對少年亞瑟的教誨，正是莊子對我們的期許：每個地方都是中心，但也是邊陲；沒有一個地方比另一個地方更高貴或卑賤。不管你現在身處何地，又將往何處去，你所在的地方就是你安身立命的中心、生活的重心、得意的舞台、幸福的所在。

1 我知天之中央，燕之北、越之南是也。——〈天下〉

2 以道觀之，何貴何賤，是謂反衍，無拘而志，與道大蹇。——〈秋水〉

莫若以明——不再當摸象的瞎子

在人世的各種差別對立中，比大小、長短、貴賤、高下更具爭議性的也許是對錯與是非，因爲它們涉及的是一個人的主張、立場和信仰，甚至還反映一個人的智愚，難怪大家常會對孰是孰非、誰對誰錯而爭得劍拔弩張、勢不兩立。春秋戰國時代諸子百家的互爭雄長，似乎就是這樣的一個局面，對此，莊子提出他的看法：

大道被小小的成就所蒙蔽，至言被浮華的詞藻所蒙蔽，於是有儒家和墨家的是非爭辯，他們各自肯定對方所否定的而否定對方所肯定的，如果要這樣各執己見，那不如去觀照事物的本然而求得明鑑。1

事物的本然是「量無窮，時無止，分無定」，沒有一個人(或學說)能對任何事物做完整、全面性的觀照，每個人所看到的都只是事物在時空無盡纏連中的一個小片段而已，我們所能觀照到的其實微乎其微，如同「瞎子摸象」。不只儒家和墨家，諸子百家也一樣，他們都各有「小小的成就」，就像摸象的瞎子各自掌握「部分的訊息」，而他們的各執己見、爭辯不休，也無異於瞎子，都是想「以偏概全」。如果能認識到這一點，那不僅可以減少很多無謂的紛爭，而且可以用更開闊的心胸和視野來看問題。

有個故事說，甲乙兩和尚爲某問題爭辯得面紅耳赤，雙方各持己見，僵持不下，於是分別進入禪房，請師父評理。老和尚聽了徒弟甲的說辭後，和顏悅色地說：「你說得對。」隨後聽了徒弟乙的陳述後，也和顏悅色地說：「你說得對。」一直站在老和尚身後的小沙彌很不以爲然，對老和尚說：「師父！如果是甲對，乙就不對；如果是乙對，甲就不對。您怎麼說兩個人都對呢？」老和尚聽了，轉頭看看小沙彌，慈眉善目地說：「你說得也對。」

老和尚的說法讓人想起莊子所說的：

一切事物本來就有是的一面，也有能被認可的一面；沒有什麼東西不存在正確的一面，也沒有什麼東西不存在能被認可的一面。2

每個問題都有很多面向，可以從很多角度去看，觀點之不同通常是因爲角度和面向不同的關係，但都具有「部分眞實性」。三個徒弟的說法都有「部分對」，所以老和尚的評論並非鄉愿，而是深得莊子思想的神髓。反之，每個觀點顯然也都有「部分不眞實性」，就像莊子進一步指出的：

順著事物對的一面去觀察，便會看出它對的地方，那麼沒有一物不是對的；順著事物錯的一面去觀察，便會看出它錯的地方，那就沒有一物不是錯的了。[3]

所以，老和尚如果改口對三個徒弟都說「你說得不對」，同樣能成立，因爲每個人也都有不對的地方。他的「你們都對」並非偏頗，而是他樂與人爲善，從慈悲、寬容的角度去看問題，是道行高深的表現。

不想再當摸象的瞎子，而希望成爲「明眼人」，就要知道每個人都有好的一面，但也有壞的一面；每個觀點都有對的一面，但也有錯的一面。用這樣的眼光和心情來看人、看問題，自然能和氣吉祥。

1 道隱於小成，言隱於榮華。故有儒墨之是非，以是其所非而非其所是。欲是其所非而非其所是，則莫若以明。——〈齊物論〉

2 物固有所然，物固有所可；無物不然，無物不可。——〈齊物論〉

3 因其所然而然之，則萬物莫不然；因其所非而非之，則萬物莫不非。——〈秋水〉

昭文鼓琴——聽音樂而知得失榮辱

紅塵中人，個個行色匆匆，似乎總是不斷在追求什麼。而不管你追求什麼，總是有時得手，有時落空。這些得與失的積累，標示著你人生的起伏，也成了界定你一生成敗的重要指標。我們要怎麼看得失？首先，莊子提出了一個很獨特的方法，他說那好比在「聽昭文鼓琴」。昭文是古代有名的音樂家，善於彈琴，莊子說：

果真有完成和虧損嗎？還是沒有完成和虧損？有完成和虧損，好比昭文的彈琴；沒有完成和虧損，好比昭文的不彈琴。1

這個意思是說，昭文雖是彈琴大師，但不管他彈得多好、多久、多少次，都無法呈現所有美妙的聲音，總是有些被遺漏（虧）了。所以，除非他不彈琴，否則只要他一彈琴，就一定有「完成」的部分和「虧損」的部分。如果我們把「完成」當成「得」，將「虧損」視爲「失」，那麼莊子的得失觀就是：只要你有所作爲，結果就一定有「得」的地方，也一定有

「失」的地方。譬如得到了財富，卻失去了健康；失去了權位，但卻得到了愛情。

有個故事說：某位男士從小對音樂有興趣，特別喜歡拉小提琴。但成年後卻追隨父親的腳步往商場發展，後來也成了一個相當成功的企業家。有一天他陪父親到一家高級餐廳用餐，現場有一位小提琴手正在爲大家表演，琴音悠揚繚繞。年輕的企業家在聆賞之餘，想起自己以前學小提琴的種種，覺得好像失落了什麼，而悵然地父親說：「如果我當年好好學琴的話，現在也許就能在這兒表演了。」他父親微笑回答：「兒子，你說得沒錯。但如果是那樣的話，你今天也就不會在這兒用餐了。」

有些人只看到自己失去的，但卻沒有看到自己得到的；而更多人卻只看到自己得到的，沒有發現自己失去的。〈列禦寇〉篇提到宋國有個叫做曹商的，爲宋王出使秦國。當他去時，宋王送他數輛車子；到了秦國，秦王很喜歡他，又加贈他一百輛車子。曹商回到宋國，見了莊子說：「要我身居陋巷，貧困地織鞋度日，面黃肌瘦，這是我做不到的；但能讓萬乘君主省悟而獲贈百輛車馬，則是我的長處。」莊子說：「聽說秦王有病召請醫生，能讓膿瘡潰散的可獲得一輛車；能舔治痔瘡的可獲得五輛車；治療的部位愈低下，獲贈的車輛就愈多。你難道給秦王舔過痔瘡嗎，怎麼獲得這麼多車輛呢？你走吧！」

莊子和曹商的對話，讓人想起古希臘哲學家亞力斯吉波斯與狄奧肯內斯的故事：亞力斯吉波斯過著奢華的生活，但狄奧肯內斯卻形同乞丐。有一天，狄奧肯內斯在河邊洗菜，路過的亞力斯吉波斯看到了，說：「你只要向我學習如何結交權貴，奉承他們，就可以享受榮華富貴，不必過著這麼清苦的日子。」狄奧肯內斯回答說：「你只要向我學習安貧樂道，以青菜白飯度日，就不必過著整天送往迎來、卑躬屈膝的日子。」得失經常代表榮辱，但一個人的「得」可能是另一個人的「失」，一個人認為「光榮」的卻是另一個人的「恥辱」，在得失榮辱之間，我們要聽從的是自己的價值判斷，而不必隨他人起舞。

不管你看到的是「得」還是「失」，是「榮」或是「辱」，每個人看到的都只是他「在意」的那一部分，而習慣性地「遺漏」了另一部分。這種片面的得失觀所帶來的情緒反應是偏頗的，所理解的人生也是殘缺不全的。隨時提醒自己，不管做什麼都有得有失，即時「補」上被你疏漏的那一部分，你對人生才能有比較完整、圓融的看法。

1 果且有成與虧夫哉？果且無成與虧夫哉？有成與虧，故昭氏之鼓琴也；無成與虧，故昭氏之不鼓琴也。——〈齊物論〉

朝三暮四——莫受甘苦順序的迷惑

人生總是有甘有苦、有成有敗，而甘苦、成敗也總是有先有後，因而也就有了「先甘後苦」或「先苦後甘」，「先成後敗」或「先敗後成」兩種不同模式的人生。如果要你做選擇，你會選擇哪種模式的人生呢？但不管你做什麼選擇，又是基於什麼理由做出這樣的選擇，莊子可能會跟你提起一群猴子：

有一個養猴人給猴子吃栗子，對猴子說：「早上給你們三升而晚上給你們四升。」猴子們聽了都很生氣。養猴人於是改口說：「那麼就早上給你們四升而晚上給你們三升。」猴子們聽了都高興起來。[1]

「朝三暮四」這句成語就是從這裡來的，雖然它現在意指「一個人經常變卦、反覆無常」，但其原始含意卻是在說「同樣的內涵以不同的順序呈現，會讓人產生錯覺，而受到蒙蔽、愚弄」。也許有人會說只有猴子才會產生這種錯覺、被愚弄，但莊子藉這個寓言要說的其實是「人性」，而非「猴性」，你對前面「甘苦人生」的選擇和看法，跟這些猴子其實差不了多少。

心理學家在這方面做過很多實驗。在一個實驗裡，心理學家以兩種方式向一群受測者介紹同一個人A君：甲方式說A君是個「聰明、勤勉、衝動、挑剔、頑固、忌妒」的人，乙方式說A君是個「忌妒、頑固、挑剔、衝動、勤勉、聰明」的人，然後請受測者評估A君給他們的整體印象。結果顯示，以甲方式介紹A君給聽者的整體印象要比乙方式好很多。其實，六種特質完全一樣，只是呈現的順序顛倒而已。其他實驗也顯示，實驗室裡的人類受測者跟莊子寓言裡的猴子一樣：同樣的內涵若以不同的順序呈現，就會讓人產生不同的觀感和情緒反應。這正是莊子所說的：

名和實並沒有改變，但猴子的喜怒卻因而不同，這是猴子主觀的心理在作祟。所以聖人將是與非合而觀之，保持事理的均衡，這就叫做「兩行」。2

在戲曲或故事裡經常可見如下的樣版：「好人」總是「先苦後甘」，在開始時生活艱難，嘗遍各種苦頭，但後來則苦盡甘來，過著榮華富貴的生活。而「壞人」則是「先甘後苦」，在開始時過著榮華富貴的生活，但後來卻甘盡苦來，生活變得艱難，而嘗遍了各種苦頭。這不僅是社會價值的問題，更顯示多數人也都喜歡「先苦後甘」甚於「先甘後苦」，偏愛「先敗後成」過於「先成後敗」。人和猴子看似有點不同，猴子會將「較好的」置於前頭（朝四暮三），只顧立即的享樂；而人類則是將「較好的」放在後頭（先苦後甘），看重最後的結果，希望像倒吃甘蔗般，愈來愈好。但這畢竟都是順序所帶來的虛幻迷障。

莊子奉勸我們，若不想被這種因順序不同而產生的錯覺所蒙蔽、愚弄，那就要將三與四、成與敗、甘與苦「合而觀之」，兩端都要觀照到（兩行），不僅心情不會因之而起伏不定，對人和事情也才能有較清晰的認識、較合理的判斷。所以，人生的「先苦後甘」或「先甘後苦」，對莊子來說是一樣的，他不會因順序的不同而產生好惡的心理。

當然，這不是勸你要「先甘後苦」、「先成後敗」，而是在「苦」在「敗」的時候不要忘了自己曾經比別人「甘」過「成」過，更不要貶損自己曾經有過的「甘」和「成」，不要用現在的苦澀去扭曲過去的美好。

1 狙公賦芧曰：「朝三而暮四」。眾狙皆怒；曰：「然則朝四而暮三」。眾狙皆悅。——〈齊物論〉

2 名實未虧，而喜怒為用，亦因是也。是以聖人和之以是非，而休乎天鈞，是之謂兩行。——〈齊物論〉

拆解時光——兼容並蓄剎那與永恆

每個人的一年和一天都一樣長，但一生卻有長有短，最讓人遺憾的莫過於英年早逝。如果可能，誰不希望能活得久一點呢？最好能像傳說中的彭祖活八百歲。但對彭祖的長壽，莊子卻一點也不羨慕，因為他說：

(世上)沒有比夭折的嬰兒更長壽的，而彭祖卻是短命的。1

彭祖若和以八千年為一個春季、八千年為一個秋季的上古大椿樹相比，的確是短命的。但莊子將它和「沒有比夭折的嬰兒更長壽的」相提並論，不僅要打破我們對壽命長短、時間久暫的執念，還想更進一步超越它。

不管你活幾歲或一件事經歷的時間多久，它都可以說是很長的，但同時也是很短的。就像愛因斯坦所說「當你和一個漂亮的女孩坐在一起兩小時，感覺上好像只有兩分鐘；但如果坐在熱火爐上兩分鐘，感覺上就好像有兩個小時」，重要的不是客觀時間的長短，而是你在這段時間內的經歷給你的主觀感受。如果每天都在那裡呆坐，乏善可陳，那像彭祖一樣活八百歲又有何意義？但如果活得多采多姿，每天都高潮迭起，那像亞歷山大大帝一樣只活三十三歲，其實也很夠了。如果你能善用每一天，把每一天都看成是一個具體而微的人生，那一個月就彷彿經歷了三十個人生。

唐朝有一位知名禪師叫馬祖道一，當他病得很重時，寺院管理人來探病，問他身體如何，馬祖禪師說：「日面佛，月面佛。」在佛教故事裡，日面佛的壽命是一千八百歲，而月面佛的壽命則只有一天一夜。馬祖禪師的這個回答，禪門有很多解釋，而其中一個就是在反映莊子的觀念——「我覺得我好像已經活了千百年，但又覺得彷彿只存在一瞬間」、「你說我命在旦夕也可以，說我能活得長長久久也可以。」

像這樣，如果能兼容並蓄這兩個看似矛盾的觀念，不僅有助於擺脫對壽命長短的執念與憂思，而且能讓我們養成一種深刻的生活哲學。印度聖雄甘地在談到生活與學習時，曾說：「像你明天就會死一般生活，像你能永遠活著般學習。」這跟馬祖禪師與莊子的觀點其實非常類似：想到壽命很短，那你就應該好好珍惜每一分每一秒；想到壽命很長，那你就應該好好爲人生做規劃和準備。這是一種非常開朗、積極、明智而又灑脫的生活態度，而它只有在體認時間的相對性，並進而超越它，對時間的長短與久暫等價齊觀、兼容並蓄時，才能眞正獲得。

另外，時間也有它的先後順序，譬如每天總是清晨、中午、夜晚依序而來，每個人也都是從童年、青年、壯年，然後邁入中年和晚年。大家也因此對不同階段的時光賦予不同的評價，愈容易逝去的似乎就顯得愈珍貴，但這種價值差別觀也是莊子要打破的。就像前面所說：「以道觀之，物無貴賤」，萬物如此，時間也是如此。時間就是時間，不管什麼時間，都不應有貴賤之別。「一日之計在於晨」、「千金難買少年時」之類的格言原是要勸人珍惜清晨與少年時光的，殊不知卻成了很多人在過了午後或進入中年就悶悶不樂的原因，因為他們覺得一天或一生中「最美好」的時光已經一去不回了。

只有打破這種價值差別觀，從時間的「相對論」進入「齊物論」，認識到晚上與清晨的時光同樣可貴，老年歲月跟青春年華同樣值得珍惜，貌美如花的少女和雞皮鶴髮的老太婆是兩個「獨立而永恆」的存在，各有其迷人之處，我們對生命歷程中的種種才能有更美好與深邃的感受。

1 天下……莫壽於殤子，而彭祖為夭。——〈齊物論〉

胸無成竹——摘下心靈的有色眼鏡

我們對外界的認知，除了有以偏概全的偏見外，更有先入爲主的成見。成見就是「胸有成竹」，它是由個人的閱聽與實際經驗、好惡與信念等所形成的內在認知框架，或者對某些人事物先入爲主的刻版印象。多數人在觀照外在事物時，都會不自覺地以它做爲重要的指引。莊子說：

如果要追隨自己心中的成見，以之為明師，那誰會沒有這種明師？何必要靠什麼大智慧，從自己心中去找就有了，就是愚人也有啊！還沒有在思想上成形就先有是非的看法，這就好像今天出發去越國而在昨天已經到達一樣。1

當我們觀照外界時，成見或內在的認知架構可以提供快速篩選、比對的方便，但就像莊子所說，我們也快速得到結論，而且得到的總是能滿足我們好惡、符合既定刻版印象或自己信念的結論，甚至是先有了結論，然後再去找證據，也就是「今天出發去越國而在昨天已經到達」。

成見就好像有色眼鏡，戴著它去看東西，所有的東西都會被成見所染色而失真，不符合自己預先設想的訊息都被過濾掉，而與成見相符的訊息則特別顯眼，於是就更加相信自己的成見和信念是對的。譬如你認爲「女人就是愛說謊」，那麼你在看女人、和她們互動時，就特別容易「發現」這方面的「證據」，於是更加相信「女人就是愛說謊」，你在這方面的成見就更加牢不可破。

當然，一個人不可能完全沒有成見，用信念來衡量外在事物也沒有什麼不對（很多信念其實也都屬於成見），問題是你要如何免於淪爲它們的囚犯？多多接觸與自己的成見相牴觸的事物，在它們不斷的「洗禮」下，多少可以「沖淡」一些成見的色彩，但釜底抽薪之計還是在自我警惕：自己的某些信念、對很多人事物的看法，可能都只是先入爲主、自以爲是的成見。英國哲學家羅素是個對很多問題都有自己看法、也很有信念的人，但他說：「我絕不會爲我的信念而死，因爲我的信念可能是錯的。」我們需要的正是這種謙卑的「自知之明」，羅素的話讓人想起莊子所說的：

聖人將必然的事物視為未必然，所以沒有紛爭；普通人把非必然的事物當做必然，所以爭論不休。2

愈是見多識廣、通情達理的人，就愈不會自以為是，愈能自我反省，也愈會對自己的看法和信念產生懷疑。如果你不想繼續活在由你的成見和信念所構築的虛幻、扭曲的世界裡，那就要知道所有看起來必然的事，其實都未必然。要養成對自己所有的看法都打個大問號的習慣，當然，不是要你一直處於懷疑的狀態，而是必須體認只有通過懷疑考驗的信念，才是眞正的信念。

1 夫隨其成心而師之，誰獨且無師乎？奚必知代而心自取者有之？愚者與有焉。未成乎心而有是非，是今日適越而昔至也。——〈齊物論〉

2 聖人以必不必，故無兵；眾人以不必必之，故多兵。——〈列禦寇〉

在風雨飄搖的年代，我們要傾聽自己內在的聲音，建立一套屬於自己的安身立命之道。不可為了想出人頭地，而傷害本性，迷失自我。堅信生命的價值在於彼此互不相似，要珍惜、善待自己的特點。當環境發生遽變時，更要安時處順，達理明權，外化內不化，在做出最佳回應的同時又保有自己的本色。

塵世羅網——在生命樊籠外的沉思

「人生而自由，但卻無處不在枷鎖之中。」法國哲學家盧梭的這句話眞是說到大家的心坎上。我們年少時在家受父母管教，不准做這不准做那；上學後要乖乖坐在教室裡，必須學這必須學那；進了社會每天朝九晚五，中間還要參加各種會議、寫各種報告。我們好像一隻鳥，但卻只能從這個鳥籠更換到另一個鳥籠，失去了四處飛翔的自由。

從某個角度來看，這些生命枷鎖或鳥籠，就是所謂的「塵網」。活在這個世界上，每個人都必然要和某些人、某些事糾葛在一起，被它們「纏住」而身不由己，無法自由自在地過自己想過的生活。當我們好不容易擺脫掉一個纏住我們的東西後，過沒多久卻發現，自己又被另一個東西給纏住了。除非我們遺世獨立，否則很難擺脫塵世的羅網。

我們要怎麼看這些塵網、生命枷鎖或者鳥籠呢？首先，莊子提醒我們，自然界的鳥兒寧可自己辛苦覓食，也不願被關進籠子裡過優渥的生活：

沼澤裡的野雞走十步才能啄到一口食物，走百步才能喝到一口水，可是牠一點也不會祈求能被畜養在籠子裡。生活在樊籠裡，精力即使因不必覓食而十分旺盛，但牠卻不自在。1

人類似乎比鳥兒可悲。鳥兒被養在鳥籠裡，雖然失去了自由，卻不必自己覓食；但人類卻是為了養活自己和家人，而必須鑽進樊籠裡。更可悲的是，鳥兒不是自己鑽進鳥籠的，牠們是被捕捉、被關進去的，但塵世的很多樊籠卻是人類自己鑽進去的，譬如在獲得溫飽後，很多人就開始追名逐利，所謂「名韁利鎖」，為了得到和維持名與利，你就必須去做一些自己原本不想做的事，而且不能做你其實很想做的事，這也是一種束縛和樊籠。

除了外在、有形、感覺得到的束縛外，更有內在、無形、感覺不到的束縛，也就是心靈或思想上的束縛，那才是我們更大的枷鎖，而它們通常是不自覺的，甚至讓人甘之如飴的。

在〈大宗師〉篇裡，當意而子接受堯帝的任命，「躬服仁義，明言是非」，而來找隱士許由時，許由對他說：

你還來這裡做什麼呢？堯既然用仁義給你行黥刑，用是非給你行劓刑，你怎麼還能夠逍遙放蕩，無拘無束地遊於變化的境界呢？2

言下之意是你心中的是非、仁義等觀念，就好像讓你的心靈受拘束的「刑罰」，一旦你的思想和行爲越界，違逆了它們，你就會感到痛苦。而這些觀念都是你在成長的過程中，在你沒有選擇餘地的情況下，由他人硬塞給你的。它們有時像老鼠籠裡香甜的誘餌，讓你忘情地鑽進去，陶醉其中；有時像孫悟空頭上的緊箍咒，讓你動輒得咎，苦不堪言；爲了得到心靈的安適與避免痛苦，我們只有在它們所提供的各種框框裡生活。

塵世的羅網與生命的樊籠無所不在，當你來到這個世界之前，它們就在那裡等著你。所有的羅網與樊籠都是易進難出的，莊子提醒我們，如果你渴望自由，那麼在各種羅網與樊籠之前，你應該先仔細端詳它們，想想自己，然後再決定進退。

1 澤雉十步一啄，百步一飲，不蘄畜乎樊中。神雖王，不善也。——〈養生主〉

2 而奚為來軹？夫堯既已黥汝以仁義，而劓汝以是非矣，汝將何以遊夫遙蕩、恣睢、轉徙之塗乎？——〈大宗師〉

自由真諦——尋找一個籠子或一個林子

我們之所以會身陷塵世的羅網，鑽進生命的樊籠，通常是因爲有所期待、有所依賴。對莊子來說，要想眞正「逍遙」就必須「無待」——無所期待與依賴，在思想和行爲上沒有任何拘束，生活不受任何外在條件的限制。如果可能，誰不希望能夠逍遙自在，不受塵網與樊籠的束縛呢？但對多數人來說，這其實也是「不可能的任務」，因爲人不可能完全無拘無束，一點束縛也沒有。莊子在勸人擺脫束縛的同時，也說了一個安於束縛的故事：

叔山無趾對老子說：「孔子恐怕還沒有達到『至人』的境地吧！他為什麼常常來向你求教呢？他還想企求以奇異的名聲傳揚於天下，難道他不知道『至人』把名聲看作是束縛自己的枷鎖嗎？」老子說：「你為什麼不直接讓他了解生和死是一樣的，可與不可是平齊的道理，解除他的枷鎖，這樣不就可以了嗎？」叔山無趾說：「這是上天加給他的刑罰，怎麼可以解除呢？」[1]

莊子不想當官、不想博取名聲，他把官位和名聲看成是束縛自己的鳥籠；但孔子卻想當官，因爲他想藉此施展他的政治理念，留下名聲。當叔山無趾把孔子的選擇和追尋看成枷鎖，而露出鄙夷之意時，老子並沒有附和無趾說「我們的確比孔子高明」，而是問無趾「你爲什麼不幫他解除枷鎖？」無趾想一想，只能說他沒有辦法。所謂「上天加給他的刑罰」，其實也就是「孔子自己選擇的枷鎖」，既然是他自己選擇的，那別人插什麼嘴？有什麼權力介入？這樣的問答其實也是在反映莊子的觀點：我不想受某種東西的束縛，但我也不想用我的觀點去強迫、干涉、束縛別人。

其實，人不可能完全沒有束縛，我們的形體、壽命、感官知覺等，都有其侷限性，甚至就是這些侷限性，才使我們成其爲「人」的。至於心靈與思想上的束縛，莊子也不是鼓吹我們不必有任何道德或是非觀念，而是像他一貫主張的，所謂「道德」和「是非」經常是相對的，我們應該「超越」它們，在遇到事情時，不要用你被灌輸的道德和是非標準來綑綁自己，而要依自己的天性（或良知良能）去做回應。

我們的生命能量好比流水，如果沒有岸的束縛，那就四處氾濫，連個形體都沒了。就是因爲有束縛，生命的能量才能如河水般奔流到遠方的目的地。所以，重點並非在打破所有樊籠，擺脫一切束縛，而是你想讓什麼來約束你的生命能量，而又不想讓什麼來束縛你的人生。

每一個選擇都代表一種自由，但也代表一種束縛。每個人都必須做選擇，差別在於你選擇的是一個讓你處處受限的鳥籠，還是一個讓你仍能怡然自得的林子？

荷蘭哲學家史賓諾莎說：「自由是對必然性的一種體認。」先體認到生命必然會受到各種有形、無形東西的束縛，然後認識這些束縛，並選擇和它們維持什麼樣的關係——擺脫、克服、接納或改變它們，才是「自由」的範疇。追求自由是每個人的權利，但就像美國文學家愛默森所說：「自由不是隨心所欲地生活的權利，而是去發現爲了實現我們的潛能，我們應該如何生活的權利。」這樣的自由才是有意義的，也是我們所應該追求、而且能做到的逍遙自在。

1 無趾語老聃曰：「孔丘之於至人，其未邪！彼何賓賓以學子為？彼且蘄以諔詭幻怪之名聞，不知至人之以是為己桎梏邪？」老聃曰：「胡不直使彼以死生為一條，以可不可為一貫者，解其桎梏，其可乎？」無趾曰：「天刑之，安可解！」——〈德充符〉

魚與熊掌——彰顯自己價值觀的抉擇

人生看似無限可能，但到頭來，我們都只能經驗有限的人生，而這種有限性通常是來自自己的選擇。「你今天會在這裡，因爲你選擇來到這裡。」人生就是我們大大小小選擇的總和，不管看起來多麼「身不由己」，也都是你的選擇（選擇聽命於人），而不管選擇的大或小，都是在反映我們內心的想法。在人生的旅途上，莊子曾做過某些重大的抉擇：

莊子在濮水邊垂釣，楚王派遣兩位大臣先行前往致意，說：「楚王希望把國內政事委託先生您。」莊子手持釣竿，頭也不回地說：「我聽說楚國有隻神龜，已經死了三千年了，楚王用竹盒裝著它，用巾飾覆蓋它，珍藏在宗廟裡。請問這隻神龜是寧願死了留下骨骸來顯示尊貴呢，還是寧願活著在泥水裡拖著尾巴爬？」兩位大臣說：「寧願活著拖著尾巴在泥巴裡爬。」莊子說：「那你們走吧！我還是希望拖著尾巴在泥巴裡爬。」[1]

在位尊權重的一國丞相和卑微無名的市井小民間，莊子爲什麼會選擇當個卑微無名的市井小民呢？這主要是在反映他的價值觀——「自由自在勝過一切」。也許有人會說，莊子要大家打破對大小、美醜、是非、成敗、貴賤等相對的差別觀，既然如此，那選擇這個或選擇那個，不是也沒什麼差別嗎？這對莊子其實是很大的誤解，他是要大家「先破而後立」，不可被世俗的觀念、他人的說法所迷惑，而要建立一套屬於自己的安身立命之道，然後依自己的價值觀去做判斷、做選擇。在〈山木〉篇裡，莊子還提到一個假國人逃亡的故事：

林回捨棄價值千金的璧玉，背著嬰兒逃走。有人問：「為了錢財嗎？嬰兒的價值太少了；為了怕拖累嗎？嬰兒的拖累太多了。他捨棄價值千金的璧玉，背著嬰兒逃跑，究竟為了什麼呢？」林回說：「我和璧玉是利的結合，和嬰兒則是天性的關聯。」以利益相結合的，遇上困厄、災禍、憂患時就會互相拋棄；以天性相連的，遇上困厄、災禍、憂患時就會互相收容。互相收容與互相拋棄，相差得太遠了。2

這段話雖然也有強調親情比利益更持久的意思，但當利益和親情成爲「魚與熊掌」時，並非人人都會選擇親情的，譬如劉備，當曹操拿下荊州時，棲身於荊州的他倉皇而逃，曹操輕騎急追，追上了劉備，劉備在緊急中就拋妻棄子，自個兒騎馬脫困。當然，你的選擇反映什麼樣的價值觀，世人也都看在眼裡。重要的是你是否問心無愧。

每個人都有他的價值觀，價值觀就好像我們在人生大海上航行的壓艙物，它讓我們在風浪中維持重心的穩定，安穩地駛向我們所選擇的港口。莊子爲什麼能泰然拒絕宰相的高位？林回爲什麼甘願捨棄價值千金的璧玉？因爲他們心中都有一套明確、清晰的價值觀，讓他們不僅能安於自己的選擇，而且對與之牴觸的其他東西都能平靜、愉快、無怨無悔地大聲說「不」，這正是我們應該學習的。

1 莊子釣於濮水，楚王使大夫二人往先焉，曰：「願以境內累矣！」莊子持竿不顧，曰：「吾聞楚有神龜，死已三千歲矣，王巾笥而藏之廟堂之上。此龜者，寧其死為留骨而貴乎，寧其生而曳尾於塗中乎？」二大夫曰：「寧生而曳尾塗中。」莊子曰：「往矣！吾將曳尾於塗中。」——〈秋水〉

2 子獨不聞假人之亡與？林回棄千金之璧，負赤子而趨。或曰：「為其布與？赤子之布寡矣；為其累與？赤子之累多矣。棄千金之璧，負赤子而趨，何也？」林回曰：「彼以利合，此以天屬也。」夫以利合者，迫窮禍患害相棄也；以天屬者，迫窮禍患害相收也。夫相收之與相棄亦遠矣。——〈山木〉

敝帚自珍——從「當別人」到「做自己」

人生有夢最美，而最普遍、最美好的夢想莫過於「做自己」——照自己的心願去發揮自己的潛能。但若認眞追究，多數人所謂的「做自己」，其實是希望能「當別人」。這個「別人」，通常是你所羨慕的名人，像知名的歌星、演員、藝術家、商業大亨或科學巨擘等，覺得自己如果能成爲他們，過跟他們一樣的生活，那就會有無比的幸福。譬如演過《臥虎藏龍》、《藝妓回憶錄》而名揚國際的章子怡，是很多女性羨慕的對象，「如果能成爲像她那樣的女人，又漂亮又有氣質，能發揮才藝又能出名，受衆人愛戴，那該有多好！」不少人在羨慕之餘更起而效尤，開始在很多方面模仿他們心目中的偶像。

這種現象其實古已有之，〈天運〉篇就有一個東施效顰的故事：美麗的西施因心口疼痛而皺著眉頭在村里間行走，鄰里的一個醜女東施看見了覺得很美，心生羨慕，回去後也在村裡捂著胸口皺著眉頭走路。村裡的富人看見了，緊閉家門而不出；窮人看見了，帶著妻兒遠遠跑開。爲什麼會如此呢？因爲：

那個醜女只知道皺著眉頭好看，卻不知道人家皺著眉頭為什麼美。1

如果自己沒有那個條件，那麼不管如何用心模仿，結果通常是「畫虎不成反類犬」，不僅無法得到同樣的效果，而且還會貽笑大方。正本清源之道，是當你不想做自己而渴望成爲別人時，你要知道你所羡慕的那個人很可能也不想做自己，而希望去過另一種生活。譬如讓很多女人羡慕的章子怡，有一次就說：「如果有下輩子，我想當男人。我很想去感受男人呵護女人的感覺，那會讓我有很強烈的滿足感。」很多女人想當「章子怡」，但章子怡卻說她想當「男人」，爲什麼會有這種現象呢？莊子很早就看出了人們的這種毛病：

夔羡慕蚿，蚿羡慕蛇，蛇羡慕風，風羡慕眼睛，眼睛羡慕心靈。2

夔爲什麼羡慕蚿？因爲夔只有一隻腳，而蚿卻有很多腳。那蚿爲什麼羡慕蛇？因爲蛇沒有腳也能爬行。沒有腳的蛇則羡慕無形的風，無形的風卻羡慕一張開就能看到遠方的眼睛，眼睛則羡慕能做超越時空遐想的心靈。一般人想過名人或偉人的生活，但名人和偉人卻想過另一種生活，這讓人想起林語堂所說的：「大家都想做另外一個人，只要那個人不是他現在的自己。」」箇中道理其實很簡單，因爲每個人都想換換口味，嘗試一些新鮮、沒有過的經驗，都想去做些比目前更高級或者更低級的事，這其實是一種普遍的人性。

台積電的董事長張忠謀也是很多男士羨慕的對象，但在網路上，卻流傳著他所寫的一篇文章：「在一個講究包裝的社會裡，我們常禁不住羨慕別人光鮮華麗的外表，而對自己的欠缺耿耿於懷。但就我多年觀察，我發現沒有一個人的生命是完整無缺的，每個人多少少了一些東西。有人夫妻恩愛、月入數十萬，卻有嚴重的不孕症；有人才貌雙全、能幹多財，情字路上卻是坎坷難行；有人家財萬貫，卻是子孫不孝；有人看似好命，卻是一輩子腦袋空空。每個人的生命，都被上蒼劃上了一道缺口，……所以，不要再去羨慕別人如何如何，好好數算上天給你的恩典，你會發現你所擁有的絕對比沒有的要多出許多。」

所以，不要只看到別人擁有的，但卻忘了自己所有的。當你羨慕別人，把想「當別人」看成是在「做自己」時，不要忘了，別人也正默默地羨慕你的生活。既然大家彼此羨慕，那不如大家都好好做眞正的自己。

1 彼知矉美而不知矉之所以美。——〈天運〉

2 夔憐蚿，蚿憐蛇，蛇憐風，風憐目，目憐心。——〈秋水〉

保我本色——我是馬，我不要伯樂

人生在世，誰不希望能一展所長，充分發揮自己的潛能？但它顯然需要很多條件的配合。有人覺得自己雖然擁有很好的資質，卻懷才不遇，無法像千里馬遇到能賞識他、栽培他、將他推上亮麗舞台的伯樂。如果你認為自己就是如此，並為此抱怨，那莊子很可能會說：「我是馬，我不要伯樂。」

伯樂是春秋時代著名的相馬師，每一匹馬都以能遇到伯樂為幸，莊子為什麼會那樣說？因為他對千里馬和伯樂有不同於流俗的看法：

馬，蹄可以踐踏霜雪，毛可以抵禦風寒，吃草飲水，翹足跳躍，這是馬的天性。……等到伯樂出現，說：「我善於管理馬。」於是用鐵燒牠，剪牠的毛，削牠的蹄，烙上印記，……然後讓牠驅馳、奔跑、步伐整齊、行動劃一，前有口銜纓絡的限制，後有皮鞭竹條的威逼，這樣馬就死過半數了。[1]

伯樂在找出資質好的馬後，並非什麼都不做，牠就自然變成千里馬的，中間顯然要經過管理與調教的過程，但這種管理與調教經常是爲了符合某些準則所做的削足適履，也就是對天性的摧殘與扭曲。莊子反對任何傷害天性的人爲造作，所以當世人把伯樂視爲馬的「貴人」時，他反而認爲伯樂是馬的「劊子手」。

莊子的觀點看似偏激，其實不無道理。譬如歌手王菲，在剛出道時，被她的伯樂（唱片公司）精美包裝，穿上麗衣，濃妝豔抹，以王靖雯的藝名唱爲她準備的流行歌曲，開始的幾張唱片雖然都上了排行榜，但她卻覺得「被別人擺布，變得像個機器，像個衣架子，沒有個性，沒有方向感」，於是毅然恢復她的本名王菲，自己寫歌，並以愈來愈強烈的個性化風格演唱，拋棄傳統的表演服裝，不再手舞足蹈，不多說話、甚至不太理睬觀衆，不少圈內人將此視爲大忌，但她卻反而一新世人耳目，讓人覺得她不是在表演，而是流露出眞我與眞性情；她的歌唱不是娛樂，而是一種藝術；她也因此而奠定了在歌壇的獨特地位。

如果王菲一路走來都遵照伯樂們對她的包裝、雕琢、安排，那顯然就不會有今天的王菲了。其實，要出人頭地，更非一定要遇到伯樂不可，贏得一九九七年國際羽球大賽冠軍的大陸國手熊國寶，到台灣訪問時，有記者問他：「你能贏得世界冠軍，最感謝哪個教練的栽培？」他坦誠說：「如果眞要感謝的話，我最該感謝的是自己的栽培。就是因爲沒有人看好我，我才有今天。」當初教練選上他，並不是要栽培他，而是要他陪明星選手練球，但他卻憑著自己的苦練，自行摸索出獨特的反拍，而在不被看好的情況下異軍突起，奪得世界冠軍。

也許我們不必刻意拒伯樂於千里之外。但如果能先有上面幾點認識，那麼遇不遇到伯樂，就不是什麼重要的事了。事實上，在這個時代，一心想栽培、雕琢、包裝人的「伯樂」顯然多於「千里馬」，遇到這樣的「伯樂」到底是幸還是不幸其實很難講，重要的是不要為了想出人頭地或在追求成功的過程中，傷害到本性，迷失了自我。與其扭曲、摧殘本性，被包裝、打造成公認的成功模樣，那不如拒絕這樣的栽培，走自己的路。即使不成功，也還保有自己的本色。

1 馬，蹄可以踐霜雪，毛可以禦風寒，齕草飲水，翹足而陸，此馬之真性也……及至伯樂，曰：「我善治馬。」燒之剔之，刻之雒之。……馳之驟之，整之齊之，前有橛飾之患，而後有鞭筴之威，而馬之死者已過半矣。——〈馬蹄〉

自適其適——完善自我就是珍惜自我

每個人都想完善自我，都在追求幸福的生活。但什麼叫做「完善自我」？什麼叫做「幸福」？每個人的觀點都不一樣。更糟糕的是，很多人沒有自己的看法，而是以別人的定義為定義，想追求的是像別人一樣的完善，跟別人一樣的幸福，結果不僅迷失了自我，還為自己帶來不幸。

〈秋水〉篇裡有個大家耳熟能詳的「邯鄲學步」的故事：燕國壽陵的少年覺得趙國人走路的姿勢很優雅，於是到邯鄲去學習他們走路的姿勢，結果把自己原來的步伐也忘記了，最後只好爬著回去。這比前面所說的「東施效顰」更嚴重，不僅學不像學不來，而且還失去了自己原來的技能。莊子說：

> 我所認為的聰敏，並不是指傾聽別人，而是要傾聽自己。我所說的明察，並不是指看清別人，而是能看清自己。如果只能看清別人而不能看清自己，只羨慕別人而不欣悅自己，這就成了想擁有別人所有而不能安於自己所有，貪圖別人的安適而不自求安適的人。[1]

這段話讓人想起成龍。成龍如今已是家喻戶曉的國際巨星，但他的從影之路其實不太順遂，有很多年一直在跑龍套或當配角，第一次挑大粱是在李小龍暴斃後，導演羅維找他拍《新精武門》，並將他的藝名改為「成龍」，用意很明顯，就是要他學李小龍，成為「李小龍第二」，而《新精武門》也是完全在延續李小龍的《精武門》。影片推出，賣座只是差強人意，接著又拍了好幾部類似的武打片，但都成績平平，無法像李小龍般大紅大紫。後來是導演袁和平看出他有別於李小龍，屬於他個人獨有的幽默風趣特質，而將他的幽默風趣和身手不凡做巧妙的結合，開創獨樹一幟的「喜劇功夫片」——《蛇形刁手》和《醉拳》。因為接連這兩部片子都讓觀眾耳目一新、拍案叫好，票房迭破紀錄，才使他脫穎而出，逐步建立影壇巨星的地位。《醉拳》的成功，讓成龍因「醉」而「醒」，發現了他的自我，也讓成龍對「做自己」有了充分的自信。其實，李小龍的成功也是在做他自己。成龍是成龍，李小龍是李小龍，一個人想要出人頭地就必須「走自己的路」。別人再怎麼好，那永遠是別人，削足適履地模仿別人，踏著別人的腳步前進，不僅走不遠，更無法留下足跡。

如果只能從別人的身上看到幸福，只想得到別人所擁有的，甚至想拋棄自己所擁有的，其實是一件既糊塗又悲哀的事。在群雄並起、百家爭鳴的戰國時代，安貧樂道的莊子其實也是在「做自己」，他雖然勸大家不要太自我中心，但還是鼓勵大家傾聽自己內在的聲音。生命的價值在於彼此「互不相似」，不羨慕、不貪圖別人所擁有的東西；珍惜、善待自己所擁有的特點，讓它們獲得淋漓盡致的揮灑，才是完善自我，獲得幸福的最佳方式。

1 吾所謂聰者，非謂其聞彼也，自聞而已矣；吾所謂明者，非謂其見彼也，自見而已矣。夫不自見而見彼，不自得而得彼者，是得人之得而不自得其得者也，適人之適而不自適其適者也。——〈駢拇〉

安時處順——在逆境中的自我保存

「人在江湖，身不由己」。置身於社會中的我們，不僅會因爲各種禮法規範的約束、工作生存的要求而「身不由己」，當社會環境或個人際遇發生不利的改變時，我們更像風浪中的浮萍東漂西蕩，難以把持自己的方向。如何面對和回應這些變化，成了「完善自我」的一個重要挑戰和課題。

很多變化都不是操之在我的，它們主要有兩大類：一是發生在自己身上的，譬如生老病死、禍福機運等；一是大環境的變化，譬如國家興亡、天災地變等。對於這兩種變化要如何回應？莊子提出的對策是「安時處順」：

聖人活著時順應自然而行，死亡時隨萬物變化而去；平靜時跟陰氣一樣寧寂，行動時跟陽氣一道波動。不做幸福的先導，不為禍患的起始，有所感而後有所應，有所逼迫而後有所行動，不得已而後興起。拋棄智巧偽詐，遵循自然的常規，因而沒有自然的災害，沒有外物的牽累，沒有旁人的非議，沒有鬼神的責難。[1]

言下之意就是被動回應、消極適應，把各種變化都視爲自然的，不要惹是生非，更不要積極、主動地採取與之對抗的行動，或企圖去改變它、消滅它。這樣的觀點大家其實非常熟悉，也就是「逆來順受」，它還被西方人視爲是中國人的民族性之一。但安時處順也好，逆來順受也罷，並不表示就默默忍受挨打：

> 懂得困厄潦倒乃是命中注定，知道順利通達乃是時運造成，面臨大難而不畏懼，這就是聖人的勇敢。[2]

當大難或逆境降臨時，莊子並不鼓吹匹夫之勇式的反抗（「螳臂擋車」這句成語就是出自〈人間世〉篇），能毫無畏懼、毫無怨言地微笑接納，其實也是一種勇敢。譬如小說家沈從文，早年在受到批鬥而被迫封筆時，曾經兩次自殺未遂被送進療養院，但後來想開了，文革期間被抓去清洗單位裡的女廁所，他逆來順受，還把便器擦拭得光可鑑人，不是想討好誰，而是「專心做好當下之事」，讓自己看了都滿意。後來，他又被下放到湖北咸寧勞改養豬，當時一位友人寫信給他說想自殺，沈從文勸他不要自殺，說：「我在這邊養豬，把好多衰弱的豬都養得健健康康」。鄉下多雨泥濘，他在寫給姪子的信裡卻說：「這兒荷花眞好，你若來……」不管環境怎麼改變、如何惡劣，他都可以找到安然自處、怡然自得之道。人家不准他寫小說，他就改搞考據，他的《中國古代服飾研究》、《唐宋銅鏡》、《龍鳳藝術》等也都是擲地有聲之作。在文革後，他獲得平反，到美國探親講學，過去的文學成就重新獲得肯定，若非太早過世，他很可能就獲得一九八八年的諾貝爾文學獎。

像沈從文這樣的安時處順、自我保存，不僅很好，而且還是一種有智慧的適應方式。西方有一段祈禱文說：「主啊！請賜我以勇氣，去改變那可以改變的事；請賜我以安寧，去接納那不可改變的；請賜我以智慧，去區分這兩者。」當遽變來臨時，我們不只需要勇氣，還需要安寧與智慧，去找出最合適的安身立命之道。

1 聖人之生也天行，其死也物化；靜而與陰同德，動而與陽同波；不為福先，不為禍始；感而後應，迫而後動，不得已而後起。去知與故，遁天之理。故無天災，無物累，無人非，無鬼責。——〈刻意〉

2 知窮之有命，知通之有時，臨大難而不懼者，聖人之勇也。——〈秋水〉

達理明權——對改變做出最佳的反應

當逆境來襲時，莊子主張「安時處順」，這難免給人逆來順受、消極適應的感覺。其實，從另一個角度來看，它也有積極的一面。衆所周知，達爾文進化論的八字眞言是「物競天擇，適者生存」——當生活環境發生改變時，最能適應環境的物種就得到活存和繁衍的機會。莊子順應自然的主張，多少就含有這個意思：

懂得大道的人必定通達事理，通達事理的人必定明白應變，明白應變的人定然不會讓外物傷害自己。道德修養高尚的人火不能燒他，水不能淹他，寒暑不能損傷他，禽獸不能侵害他。這不是說他逼近水火、寒暑和禽獸而能倖免，而是說他們明察安危，安於禍福，進退很謹慎，所以沒有什麼東西能夠傷害他。[1]

外在環境的變化既不可避免，也難以挽回。莊子認爲當外在環境改變時，首要之務是不要讓改變傷害到你，其次是要尋找新的應對進退之道。這讓人想起達爾文所說的另一句話：

「能繼續生存的不是最強壯，也不是最聰明的物種，而是對改變做最佳反應的物種。」

什麼是「新的應對進退之道」？「對改變的最佳反應」呢？下面就是一個很好的例子：一九四五年八月十五日，一個名叫小川菊松的日本人在商務旅行途中，聽到裕仁天皇透過電台發表詔書，告訴國民日本已經戰敗，決定投降。他深受打擊，也無心業務，含著淚水坐上了返回東京的火車。覆巢之下無完卵，國家已面臨前所未有之變局，美軍將大舉進入、甚至占領日本。看著窗外極速飛逝的風景，他腦中一片空白……。但不論如何，人總是要面對現實，想辦法生存下去。想著想著，他忽然想到一件事：當美軍大量進駐日本後，會出現什麼新需求？一個前所未有的商機浮現在他的腦海中。於是在回到東京後，他立刻去找一家出版社合作，以最快的速度出版了一本《日米（美）會話手帳》，首印三十萬本，很快被搶購一空。到一九四五年底，更賣出三百五十萬本，小川菊松不僅因此成爲富豪，也對增進日美的民間交流做出了貢獻。

這也是安時處順。當國家已經戰敗，宣布無條件投降，你在那邊如喪考妣，悲痛、沮喪、憤怒、反抗、拒絕接受，又有何用？不僅無補於事，更是在浪費生命。不如平靜地接受這個改變，不要讓負面情緒傷害到自己，冷靜地思考在新的環境中自己可以做什麼，又不必做什麼；看似逆來順受，其實是對環境的改變做出最佳的回應，也可說是一個綜合版的「物競天擇，適者生存」了。

前一陣子金融海嘯來襲，很多行業都陷入愁雲慘霧之中，更有不少人投資泡湯、失去工作。但在哀鴻遍野中，還是有人從遽變的環境中看到新的需求，調整自己的生存與發展策略，除了大家比較知道的二手商店、網路行銷（宅經濟）、進修培訓、心靈成長等逆勢成長外，更有一些看起來怪異的商機，譬如保溫咖啡杯和蔬菜種子也成了熱門商品，但若理智思考「大家爲了省錢將會怎麼做？又需要什麼？」這個問題，自己在家裡泡好咖啡帶到公司、自己種菜是很可能發生的事，那麼保溫咖啡杯和蔬菜種子自然就成爲新的需求了。

我們生存的環境隨時都可能改變。當改變發生時，莊子心中的達爾文說：「生存得最好的是對改變做最佳反應的人。」

1 知道者必達於理，達於理者必明於權，明於權者不以物害己。至德者，火弗能熱，水弗能溺，寒暑弗能害，禽獸弗能賊。非謂其薄之也，言察乎安危，寧於禍福，謹於去就，莫之能害也。——〈秋水〉

外化內不化——風雨飄搖中的變與不變

寫過《未來的衝擊》、《第三波》、《大未來》等名著的托佛勒說：「改變不僅是生命所需，它就是生命。」不只社會在變，我們每個人也都在改變，兩者互激互盪、相因相成。

但在變化之中，似乎又有某些不變的東西。所以，眞正的問題不是要不要改變，而是要改變什麼？又怎麼改變？莊子給我們的建議是：

古時的人，外表隨外物變化而內心保持不變。現在的人，內心游移多變，卻不能隨外物變化。能隨外物變化的人，內心有凝靜不變的東西，他能安於變化，也能安於不變化，安然地順應外在境物，參與變化而不妄自增益、有所偏移。[1]

莊子認爲，人要有所變也有所不變，理想的方式是「外化而內不化」——在技術層面，譬如穿著打扮、做事的方法等，可以隨外在環境的需求而有所調整、改變。但在價値層面，內心則要有一個不變的中心思想、信念或價値觀。

十三世紀，蒙古大軍進攻河南新鄭時，有一個年輕人隨衆人逃難。途中，難民看到路旁有很多梨樹，紛紛去摘梨解渴，唯獨那個年輕人端坐在路旁，不爲所動。有人問他難道不會口渴，爲什麼不去摘梨子？年輕人說：「口雖渴，但不是我的東西我不拿。」大家笑說現在天下大亂，那些梨樹都是無主的。年輕人嚴肅說：「梨樹沒有主人，難道我的心也沒有主人嗎？」他名叫許衡，後來受到忽必烈的賞識與敬重，而請他當國子監祭酒。許衡在宦海多年，五進五出官場，但始終堅持自己的原則，不受利誘，不爲權屈，有「元代魏徵」之稱。

許衡的表現就是「外化而內不化」。當天下大亂時，他跟著大家逃難（外化），但堅持不採違背其道德觀的梨子（內不化）；朝廷要他當官，他不拒絕（外化），但若覺違背其原則，就罷官求去（內不化）。許衡的表現讓人想起文天祥的詩句：「世態便如翻覆雨，妾身原是分明月。」他們兩人其實是同一時代的人，忽必烈也很欣賞文天祥，也想重用他，但文天祥卻堅持不投降，最後還以身殉國。相較之下，許衡似乎「大節有虧」，其實，許衡生活在金國管轄的河南，他的最大抱負是推廣儒學，既然忽必烈也有意於此，他在元朝當官也就沒什麼不對。而文天祥是南宋的狀元出身，在朝廷當官多年，堅持做南宋的忠臣而以身殉國，這種「內不化」也是求仁得仁，在彰顯他不變的價值觀。

在風雨飄搖時，每個人都有他的變與不變，每個人的心中也都有他的「分明月」，重要的是在變與不變後，自己反躬自省，是否能問心無愧。在〈讓王〉篇，有一個關於孔子的故事說，當孔子受困於陳國和蔡國之間時，子路對孔子說「這樣可說是窮困了吧！」孔子斥責他「這是什麼話！」然後解釋：

君子通達於道的叫做通，不了解道的叫做窮。如今我懷抱仁義之道而遭逢亂世的患難，怎麼能說是窮困呢！所以內心反省而不愧咎於道，面臨危難而不喪失於德，嚴寒來到，霜雪降落，我才知道松柏的茂盛。陳、蔡之間的困厄，對於我們不是很好的考驗嗎？[2]

沒有一成不變的環境，也沒有一成不變的人。環境的變化考驗莊子、孔子，考驗許衡、文天祥，也考驗我們每一個人。你要變還是不變？變什麼？一切考驗著你的智慧和信念。

1 古之人，外化而內不化；今之人，內化而外不化。與物化者，一不化者也。安化安不化，安與之相靡，必與之莫多。——〈知北遊〉

2 君子通於道之謂通，窮於道之謂窮。今丘抱仁義之道，以遭亂世之患，其何窮之為？故內省而不窮於道，臨難而不失其德，天寒既至，霜露既降，吾是以知松柏之茂也。陳、蔡之隘，於丘其幸乎！——〈讓王〉

自賞孤芳——做個快樂的鄉村維納斯——

雖然說生命是不可預期的，我們每個人都不應該妄自菲薄、畫地自限，但不管你如何發揮潛能、隨機應變，如何「做自己」，絕大多數人終其一生都只是個普通的平凡人。身爲一個平凡的小人物，要怎麼看那些不平凡的大人物，還有自己平凡的人生呢？莊子在〈逍遙遊〉裡給了我們一些提示。如果把翱翔於藍天的大鵬看成大人物，而在小樹叢裡跳來跳去的蜩和斑鳩則好比小人物，當大鵬在高空展翅，飛往南海時：

蜩和斑鳩笑說：「我們若想飛，一下子就飛起來，碰到榆樹、枋樹就停落在上邊；有時力氣不夠飛不上去，落到地上就是了。何必要高飛九萬里到那遙遠的南海呢？」[1]

這段話可以有兩種解釋，關鍵在「笑」字。如果是「嘲笑」，那表示蜩和斑鳩受限於自己的生存條件，不知道或不承認自己見識狹窄，卻反而出言「嘲笑」大鵬。這是一種缺乏自知之明的心理防衛，也就是莊子所說的「小知」與「小年」，並不足取。但如果是「微笑」，那就表示蟬和斑鳩安於自己的生存條件，自在消遙於小樹林裡，對大鵬的飛往南海「淡然而笑」，既不羨慕，也沒有因此而感到失落或沮喪。這也是魏晉時註解《莊子》的大師郭象所說的：「夫小大雖殊，而放於自得之場，則物任其性，事稱其能，各當其分，逍遙一也。」莊子既然講「齊物」，那麼大人物和小人物都各有其逍遙之道，如果有些人的條件就只能在一叢樹林裡活動，再怎麼努力也飛不出去，你卻要他「不能」做「林中鳥」，這不是反而在爲難他、奚落他嗎？

心理學上有一種特殊的現象叫做「鄉村維納斯症候群」——在偏僻的鄉村，村裡最漂亮的姑娘被村民視爲是世界上最美的女人（維納斯），她也因此而顧影自憐、滿心歡喜。但當她被告知或滿懷野心到外地闖天下，發現外面世界有太多比她更漂亮的女人，相形之下，她的漂亮根本不算什麼時，那麼深受打擊的她很可能就會因此失去自信、感到挫折，而從志得意滿的高空跌落到沮喪痛苦的深淵。

我們每個人可以說都是「鄉村維納斯」（只是「鄉村」的大小有別），但要如何免於上述「症候群」的肆虐呢？一個辦法是像前面所說的蟬和斑鳩，安於自己所在的「鄉村」，不想離開，不羨慕也不去追求另一種人生。另一個辦法是尊貴自己的「維納斯」本質，它是一種「內在美」，不管走到哪裡、和什麼人做比較，都不會動搖自己對「內在美」的孤芳自賞。我們前面所說的「巨鯤化爲大鵬」的生命神話，指的主要也是這種自我的「內在形象」，而莊子正是這樣的一個「鄉村維納斯」。有一天，莊子到梁國去，在梁國當宰相的惠施以爲莊子是想來取代他的位置，而在梁國境內搜索了三天三夜。莊子於是自己出面去見惠施，對惠施說南方有一種鳥，名叫鵷鶵，在從南海出發，飛往北海的途中：

> 不是梧桐樹不棲息，不是竹子的果實不吃，不是甘美的泉水不喝。2

莊子自比爲「鵷鶵」，雖然只當過管理漆園的小公務員，但宰相的高位在他心中不過如「腐鼠」一般，而惠施這隻「貓頭鷹」卻以爲他要來搶他的「腐鼠」。像這樣，如果能自我尊貴自己的「內在美」，那麼即使來到什麼繁華的大都會，置身在如雲的美女中，仍然可以做一個快樂而自足的「鄉村維納斯」。

每個人心中都有一個「維納斯」，至於要做一個快樂或哀愁的維納斯，那得看你怎麼看待自己心中的那個「維納斯」。

1 蜩與學鳩笑之曰：「我決起而飛，搶榆、枋而止，時則不至而控於地而已矣，奚以之九萬里而南為？」——〈逍遙遊〉

2 非梧桐不止，非練實不食，非醴泉不飲。——〈秋水〉

要開拓眼界，除了閱歷，更需要知識。但在求知時，我們要學習與吸收的是書本和老師身上「看不見」的神髓，以謙卑、懷疑的態度去認識各種知識的瑣碎與不完美，坦承自己的無知，超越知識的局限性與實用觀，體察「無用之用，乃為大用」的真義，打破各種僵化的觀念，發揮我們的想像力和創意，締造新現實。

開拓眼界——讓才情得到最大的發揮

天生我才必有用。但很多人卻抱怨自己懷才不遇，或者大材小用，無法充分發揮所長，甚至毫無施展餘地，連可以用在哪裡都不知道。這除了機遇與時運外，更重要的一個原因是個人的眼界。關於眼界，〈逍遙遊〉裡有個故事說：宋國有個人善於調製能讓手不會龜裂的藥物，其家族世世代代都靠這種藥而在河裡漂洗絲絮爲業。有個來到該地的遊客聽到了這件事，說願意出百金的高價購買他的藥方。他於是聚集族人商量：「我們家世世代代在河水裡漂洗絲絮，所得不過數金，如今一下子就可以賣得百金。就把藥方賣給他吧！」遊客在得到藥方後，便到吳國去遊說吳王，正巧越國來侵犯，吳王於是派他統率部隊，給士兵擦這種藥，在冬天和越軍進行水戰，結果大敗越軍，吳王因而分封土地給他。說完故事，莊子下了評語：

同樣一個讓手不會龜裂的藥方，有人用它來獲得封賞，有人卻只能靠它在水中漂洗絲絮，這就是使用的方法不同呀！1

為什麼那位遠地來的遊客知道這個藥方能用在不同的地方呢？關鍵就在於眼界，而眼界主要來自個人的閱歷。世代以漂洗絲絮為業的那戶人家，族人可能終生都沒有離開過家鄉，見識有限、目光短淺，雖然擁有神奇的藥方，除了漂洗絲絮時免於讓手腳龜裂外，根本不知道還可以用在什麼地方。但路經該地的遊客一發現這個藥方，立刻認為奇貨可居，因為走遍大江南北、見多識廣的他知道若用它來保護士兵的手腳以贏得戰爭，那一定是莫大的功勞，而經常和越國打水戰的吳國就是他的機會所在，於是他去遊說吳國國王，讓這個藥方發揮最大的功效，而他也得到最豐厚的報酬。

要想讓你的才情獲得最大的發揮與效益，你必須在對的時間、對的地方，以對的方式表現給對的人看。但你怎麼知道最恰當的「時、地、人、事」是什麼？那要看你擁有多少資訊而定。資訊的多寡來自個人閱歷，每個人的閱歷都不同：

井裡的青蛙，不可能跟牠談論大海，是因為受到生活空間的限制；夏天的蟲子，不可能跟牠談論冰凍，是因為受到生活時間的限制；鄉下的書生，不可能跟他談論大道，是因為受到教養的束縛。2

閱歷豐富，見多自然識廣，讓你有比別人更寬廣的眼界，看到更多的機會。但人生不過數十寒暑，嚴格說來，每個人的閱歷都相當有限，幸好閱歷並不限於個人的經驗，還包括吸收別人的經驗，所謂「三個臭皮匠勝過一個諸葛亮」，多接觸、吸收五湖四海、各色人等的經驗，正可以擴充自己的耳目。但更便捷的方式也許是透過閱聽媒體，從古今中外名人的自傳、札記，世界各地的風土民情介紹，歷史典故、社會分析、商戰實錄等書籍、錄影帶中，我們可以吸收、尋找到各種我們需要的資訊，大大開拓我們的心靈視野，知道什麼東西要找什麼人、用在什麼地方最能發揮它的功效，這也正是古人所說「行萬里路，讀萬卷書」的道理。

眼界愈寬闊，我們擁有的資訊愈多，看到的可能性愈多，就能讓才情得到更大的發揮，人生也因此變得更豐富。

1 能不龜手一也，或以封，或不免於洴澼絖，則所用之異也。——〈逍遙遊〉

2 井蛙不可以語於海者，拘於虛也；夏蟲不可以語於冰者，篤於時也；曲士不可以語於道者，束於教也。——〈秋水〉

書是糟粕——當一個有智慧的讀書人

閱讀是我們吸收別人經驗、增長見識、開拓眼界最便捷的方式，不管是爲了求知、心靈成長或消遣，我們每個人都花不少時間在閱讀上，書本可以說是我們航行於人生大海中的望遠鏡、羅盤與溫馨的伴侶。所謂「開卷有益」，大部分的書的確讓我們受益匪淺，我們要如何看待書和作者，又要如何讀書才是一個好讀者呢？

在〈天道〉篇裡，當齊桓公在堂上讀書時，在堂下砍削車輪的輪扁問：「陛下讀的書在說些什麼？」齊桓公回答：「是聖賢的教誨。」但輪扁卻說：

你所讀的書，只是古人的糟粕。1

這多少也代表了莊子對書的基本看法。相信很多愛書人都會不以爲然，但這樣說並非在輕蔑書與讀書，因爲眞正的聖賢之道就好像輪扁製作車輪的訣竅，是不可言傳的，光看書是學不來的。把書視爲「糟粕」，不是想侮辱作者，反而是在對作者表示敬意，因爲再好的書都只是文字的堆積，無法呈現作者心靈的豐饒與思想的精髓（糟粕就是被抽掉精髓剩下的部分）。莊子更進一步說：

> 世人所看重和稱道的就是書，書不過是語言，言語有它的可貴之處。語言所可貴的是意義，意義有所指向。但意義所指向的，卻無法用語言來傳達，但世人卻貴重用語言傳達的書。世人雖然貴重書，我卻以為不足貴，因為大家所珍貴的並非真正可貴的。[2]

這段話讓人想起禪宗裡的一本知名經典《指月錄》。爲什麼以「指月」爲書名呢？因爲眞正的意義就像「月」，而書只是「指」，爲我們指出月亮的工具或媒介而已（其實，要看到月亮，也不一定要經過手指）。如果只耽溺於書中所言，而不去看它所指的月亮，那就失去了讀書的眞正功能，而書也就成了眞正的糟粕。

另外，一般人貴重書，通常會將書中所說的話奉爲金科玉律。書固然可以提供我們各種知識和人生的指引，但「書中雖有黃金屋，書中亦有鐵監牢」，若執著於書中的話，將它們視爲顚撲不破的眞理、不可違逆的教條，那就反而成爲一種束縛。禪宗有個故事說：某和尚來請教宗巖禪師：「《大藏經》裡有什麼特殊之處嗎？」宗巖禪師回答：「《大藏經》裡黑的是墨汁，黃的是紙張。」這個回答很妙，意思就是在勸徒弟「不可執著於經文」，不能被書牽著鼻子走。

但這並不表示莊子不愛讀書，司馬遷在《史記》裡說莊子「其學無所不窺，……其言洸洋自恣以適己」，這表示莊子博覽群書，但他不會只停留在書本的文字表面，而會去想像、思考作者的「言外之意」，也就是後來禪宗所說的「月亮」。經過消化、吸收後，將它們化為自己的心靈養分，然後產生自己的言論和觀點，這才是書真正的可貴之處，也是一個有智慧的讀者應有的讀書方法。

所以，不管什麼書，在讀過之後，如果都能成為「糟粕」或「黃紙黑字」，那才表示你真的消化吸收了，它們的精華與神髓都在你的腦海裡，成為你自己的東西了。

1 君之所讀者，古人之糟魄已夫！——〈天道〉

2 世之所貴道者，書也，書不過語，語有貴也。語之所貴者，意也，意有所隨。意之所隨者，不可以言傳也，而世因貴言傳書。世雖貴之，我猶不足貴也。——〈天道〉

吾愛吾師——學習那看不見的精神——

「人不學，不知義」，在我們學習與求知的過程中，老師比書本來得重要。書本是死的，老師是活的，他不只傳授知識，更是我們為學和立身處世的鮮活典範與指引者，在耳濡目染的薰陶下，我們從老師身上學習到很多從書本學不到的東西。但我們究竟能從老師身上學到什麼？又要怎麼學呢？

孔子和顏回是中國教育史上令人稱道的一對師生，在〈田子方〉篇裡有一段他們師生的對話。顏回說他不遺餘力向孔子學習：

老師您緩步，我也緩步；老師您論說，我也論說；老師您快走，我也快走；老師您辯論，我也辯論；……但當老師您奔逸絕塵而去時，我卻只能落在後面乾瞪眼。我覺得老師您不說什麼就能取信於大家，不表示親近就能使情意傳遍周遭，不需高位就能讓人民如流水湧聚身前，而我卻不懂得先生為什麼能這樣？[1]

孔子聽了，似乎為這個得意門生無法真正了解他而感到悲哀，他對顏回說：

你大概只是看到我外顯的部分，但它們都已經消逝，而你卻還以為存在而追尋著，這就好像是在空市場裡尋求馬匹一樣。我對你形象的思存很快就會遺忘，你對我形象的思存也很快會成為過去。雖然這樣，你有什麼好憂慮的呢！即使忘了過去的我，我仍會有不被遺忘的東西存在。2

姑不論是否真有這段對話，它很傳神地點出了學生在學習老師時最常見的一種現象：因景仰老師而產生「仿同作用」，在很多方面都自覺或不自覺都地效法老師，「夫子步亦步，夫子趨亦趨」，但這種只停留於表象的模仿和學習，是會讓真正的好老師失望的。孔子不愧是個好老師，他就勸顏回要放棄這種模仿，轉而學習「看不見」、「不會被遺忘」的東西，也就是老師的精神、風範和人格。

有一位雕刻家成名後，當大家在讚賞他的作品之餘，好奇問他這套功夫是從哪學來的，他總是回答說是從他師父那兒學來的，但他的作品不管是技巧或風格，跟他師父都可說是南轅北轍。有人忍不住又問他跟他師父一點不像，怎麼說是學他師父的呢？雕刻家笑著回答：

「我說我學我師父，因爲我師父從來不學他師父，這就是我從他那裡學來的。」像這樣，學習老師的眞精神才是眞正的學習，也是對老師最高的敬意。其實，一個好老師也不會希望學生對他「亦步亦趨」，成爲第二個他或他的影子，他期待學生能「青出於藍而勝於藍」。

而在老師的精神、風範和人格中，最普遍存在、也最不會被遺忘的應該是好奇心與求知欲，它們也是讓人類不斷學習、文明持續進展的原動力。就像愛因斯坦說：「老師的最高藝術是喚醒學生對創意表達和追求知識的喜悅。」而學生對老師最好的回報就是持續這種創意表達和追求知識的喜悅。這也是一個老師所能教給學生，以及一個學生能向老師學習到的最好的功課。

1 夫子步亦步也，夫子言亦言也，夫子趨亦趨也，夫子辯亦辯也；……及奔逸絕塵，而回瞠若乎後者，夫子不言而信，不比而周，無器而民滔乎前，而不知所以然而已矣。——〈田子方〉

2 女殆著乎吾所以著也。彼已盡矣，而女求之以為有，是求馬於唐肆也。吾服女也甚忘，女服吾也亦甚忘。雖然，女奚患焉！雖忘乎故吾，吾有不忘者存。——〈田子方〉

知也無涯——謙卑之必要與懷疑之必要

培根說：「知識就是力量。」在現代社會裡，我們每個人幾乎都要花十幾年、甚至更長的時間去學習各種知識。知識不僅是解決問題的工具，更是我們認識世界的媒介，一個具有進取心和好奇心的人，必然會被各式各樣的知識所吸引。在追求知識時，應該注意什麼事呢？莊子給我們的建議是：

我們的生命是有限的，而知識卻是無限的。想用有限的生命去追求無限的知識，就會弄得疲困；既然這樣還要汲汲去追求知識，便會更加疲困不堪！1

聽起來，莊子似乎不鼓勵世人追求知識，若再加上「絕聖棄知，而天下大治」（〈在宥〉篇）這句，更讓人懷疑莊子是否敵視知識，而想要回歸渾沌無知的遠古時代？但這其實是對莊子很大的誤解。上面那一段話眞正的意思應該是：一、知識是無限的，而「你的知識」卻非常有限，不管你多博學，你所不知道的總是遠遠多於你所知道的。二、把人生大部分的時間都用來追求知識，不僅很累，也沒有多大意義。那莊子爲什麼說「絕聖棄知，而天下大治」呢？因爲：

> 天下之所以經常大亂，罪過就在於喜好知識。因為天下人都只知道追求他所不知道的，卻不知道探索他所已經知道的；都只知道非難他所認為不好的，卻不知道否定他所已經贊同的，因此天下大亂。2

知識雖然是解決問題的工具，但知識不只一種，每種知識都自稱它是解決問題「唯一正確」的工具，結果問題還沒解決，知識反而變成鬥爭的工具，社會也跟著紛亂不堪。如果是這樣，那何必需要知識呢？莊子並不反對人對知識的喜好與追求，但卻強調與其盲目追求那浩瀚無邊、而且不知眞僞的新知識，不如多花點時間好好「檢驗」自己已知的有限知識，只有通過反覆辨證的知識，才是值得信賴的眞知識。如果要在擁有小量的眞知識和大量的眞僞不分的知識間做一選擇，那寧可選擇前者。

另外，莊子也把知識分爲「天的知識」和「人的知識」兩大類。「天的知識」近似客觀或絕對眞理，而「人的知識」則好比主觀或相對眞理。基本上，所有人類的知識都是「人的知識」，都是主觀、相對的：

> 知道哪些是屬於天的，哪些是屬於人的，這就達到了認識的極致。……人的知識一定要有所待的對象才能判斷它是否正確，但所待的對象卻是變化不定的。怎麼知道我所謂屬於天的不是屬於人的呢，所謂屬於人的不是屬於天的呢？3

所有「人的知識」都面臨兩個問題：一、是它們都不斷在修正、改變之中（來自其所待對象的變化或人類認知的精進）；二、我們很難判斷哪些屬於客觀、絕對的眞理，哪些只是主觀、相對的眞理，甚至是被認爲眞理的錯誤見解。就像古希臘哲學家所說，人類只能逼近眞理，而無法獲得絕對的眞理，我們只能在逼近眞理的過程中，知道前人的說法是錯了或不周全的，而加以修正，但什麼才是絕對的對和完備，沒有人知道。

所以，我們應該抱著謙卑與懷疑的態度去追求知識，因爲不管你擁有什麼知識、多少知識，它們都是瑣碎而不完美的，但就因爲有這種認識，個人與人類的知識才能不斷進展。

1 吾生也有涯，而知也無涯。以有涯隨無涯，殆已；已而為知者，殆而已矣！——〈養生主〉

2 故天下每每大亂，罪在於好知。故天下皆知求其所不知而莫知求其所已知者，皆知非其所不善而莫知非其所已善者，是以大亂。——〈胠篋〉

3 知天之所為，知人之所為者，至矣。……夫知有所待而後當，其所待者特未定也。庸詎知吾所謂天之非人乎？所謂人之非天乎？——〈大宗師〉

無知之知——不知者深奧，知者淺薄——

雖然「知也無涯」，但每個人所擁有知識的多寡與品質還是有很大的差別。如果有人稱讚你「博學」，即使你謙虛地否認，心裡想必還是非常受用；但如果有人說你「無知」，雖然你可能裝作沒事般，但心裡卻很不是味道，因為「無知」是一句貶語，讓人覺得受到了侮辱。但莊子對「無知」卻另有一番看法，在〈知北遊〉裡，有如下一場對話：泰清問無窮：「你懂得『道』嗎？」無窮回答：「我不知道。」又去問無為，無為回答：「我知道。」（然後說了一些他的看法，此處從略）……。泰清轉而去問無始：「像這樣，無窮的不知道和無為的知道，究竟誰是誰非？」

無始回答：「不知道的是深奧，知道的是淺薄；不知道的是內行，知道的是外行。」於是泰清仰起頭來感嘆說：「不知道的便是知道麼！知道的便是不知道麼！誰知道不知道就是知道呢？」1

聽起來好像在玩什麼邏輯或文字遊戲，但道理其實既簡單又明白：在求知的過程中，當我們愈深入一門知識時，就愈會發現它的廣邈、深奧，並非我們原先想像的那樣簡單，也就是說，在知道得愈多後，才了解自己知道的其實很少，而且對其眞確性也不敢再那麼肯定，只有那些膚淺而外行的人才會認爲自己全知道了，而且非常肯定。所以，說自己知道得不多、甚至不知道的人，才是懂得比較多的內行人。

希臘哲學家芝諾用另一種方式表達了同樣看法：有一天，弟子問芝諾：「老師，您的知識非常豐富，回答問題也很清楚，但您爲什麼老是說自己不太明白？對自己所說的答案總有懷疑呢？」芝諾用手杖在地上畫一個大圓圈，又在大圓圈裡畫一個小圓圈，然後說：「大圓圈裡面是我的知識，小圓圈裡面是你們的知識，而這兩個圓圈之外就是我和你們不知道的部分。因爲大圓圈的周長大於小圓圈，所以，我能接觸到的無知疆界要比你們來得大，這就是我的不明白和懷疑比你們多的原因。」

從另一個角度來看，知識不僅無邊無涯，而且五花八門，莊子依知識的本質將知識分爲大知識（大知）與小知識（小知）兩大類：

大知識綜觀全覽，小知識細別瑣碎；大言論氣燄盛人，小言論論辯不休。[2]

舉例來說，有關天、道、性命的知識是綜觀全覽的，屬大知識，類似現代的形上學，而諸子百家的學說則是細別瑣碎的，屬小知識，類似現代的社會科學和自然科學。若用樹來作比喻，那麼大知識是對整棵樹的認識，而小知識則是對個別枝枒的認識。多數人擁有的都是一枝一枒的小知識，但卻自以爲擁抱了一棵大樹，而且夸夸其詞地擴大它的解釋功能和範圍，譬如用醫學來解釋生命，用物理學來解釋宇宙，結果不僅蔽於一枝，而且徒增紛擾。

懂得愈多，才知道自己懂得實在不多。只有先認識到自己擁有的只是「小知」，才能更接近「大知」。所以，不必等別人說，能自己先承認自己的「小知」、「不知」和「無知」，那才表示你眞的有些見識。

1 無始曰：「不知深矣，知之淺矣；弗知內矣，知之外矣。」於是泰清中而歎曰：「弗知乃知乎！知乃不知乎！孰知不知之知？」——〈知北遊〉

2 大知閑閑，小知閒閒；大言炎炎，小言詹詹。——〈齊物論〉

離形去知——超越知識的侷限性

知識雖然能開拓我們眼界，提供解決問題的方法，但所謂「水能載舟，亦能覆舟」，知識也可能侷限我們的眼界、阻礙對問題的解決，其間的分野端視你怎麼看待你擁有的知識和如何運用它們而定。而這也正是莊子並未賦予知識崇高地位，進而懷疑知識、勸人放棄知識的重要原因之一。

對於瞎子，我們無法同他們共賞紋彩的美觀；對於聾子，我們無法同他們共聆鐘鼓的樂聲。難道只是形骸有聾與瞎嗎？心智也有聾和瞎啊！[1]

知識是心智的產物，表面上看起來，莊子似乎在說沒有知識是「心智上的聾和瞎」，但其實，擁有知識依然是「心智上的聾和瞎」，因為每個人擁有的都只是片面、瑣碎的知識，對事物的理解跟「盲人摸象」其實差不了多少，如果無法認清這點，那就會侷限你的心靈眼界，成了你在解決問題時的盲點和阻力。一個有名的例子是戶外電梯的發明：一九五〇年代，加州聖地牙哥的科特大飯店因生意興隆，狹小老舊的室內電梯已不敷使用，老闆找來一流的建築師和工程師，討論如何擴建電梯。建築師和工程師討論了一個下午，提出建議：爲了安裝更多室內電梯，飯店必須歇業半年，以便在每個樓層打洞，並在地下室安裝新馬達。老闆對這個建議大感爲難，當雙方在飯店大廳議論紛紛時，一個在旁邊拖地板的服務生忍不住插嘴說：「可不可以將電梯建在戶外呢？」眞是一語點醒夢中人。在戶外新增電梯，不僅施工較容易、花費較少，而且飯店還可以繼續營業。

全世界第一部戶外電梯的點子就是這樣來的。爲什麼那群工程師、建築師反而沒想到這個點子呢？因爲他們的腦中裝滿了如何建造室內電梯的繁瑣知識，讓他們成了「心靈上的瞎子」，而「沒有知識」的拖地板服務生「無遮無礙」，反而看到了更基本的問題所在。所以莊子勸我們在必要的時候，最好「忘掉」辛苦學來的知識：

遺忘自己的肢體，拋開自己的聰明，離棄本體、忘掉知識，與大道融為一體，這就叫「坐忘」。[2]

自然界有一個奇妙的現象，那就是大黃蜂的飛行：所有會飛的動物都體態輕盈、翅膀寬大，但大黃蜂的身軀十分笨重，而翅膀又出奇短小，就生物學而言，大黃蜂是不可能飛得起來的；而大黃蜂身體與翅膀的比例設計，從物理學的流體力學來看，同樣是沒有飛行的可能。但大黃蜂不僅會飛，而且還飛得很好。爲什麼呢？哲學家說：「因爲大黃蜂不懂生物學和物理學，不知道牠們『不可能』飛，所以牠們能飛。」所謂知識的侷限與束縛正是此意。很多東西都是你「不知道」，你就不會受到它的「限制」；知道得愈多，受到的束縛可能也愈多。每一種知識在提供我們一種見解時，同時也塞給我們一個框框。

所以，莊子所說的「去知」，並不是要我們鄙視知識、放棄對知識的追求，而是勸我們在認眞追求到知識後，不可受到它們的束縛，要拋棄、忘掉各種知識的框框，這樣才能超越它們的侷限性，讓知識發揮最大的功能。

1 瞽者無以與乎文章之觀，聾者無以與乎鐘鼓之聲。豈唯形骸有聾盲哉？夫知亦有之。——〈逍遙遊〉

2 墮肢體，黜聰明，離形去知，同於大通，此謂坐忘。——〈大宗師〉

破而後立──跳脫僵化功能的創意

要想「人盡其才，物盡其用」，除了眼界外，創意也是不可或缺的。如果說眼界讓我們看到更多的機會，那麼創意則讓我們開發前所未有的可能性。

莊子不只學識淵博，更是一個很有創意的人。〈逍遙遊〉裡提到，惠子有一天向莊子抱怨，說魏王送他大葫蘆的種子，他栽種後長出一個可容五石的大葫蘆，但用來裝水卻不夠堅硬，剖開來做瓢又太大了，沒地方放，因爲覺得派不上用場，所以乾脆將它砸爛了。莊子聽了，笑道：「你實在不善於使用大東西啊！」於是對惠子提起那個「不龜手藥方」的故事，然後說：

你有五石容積的大葫蘆，為什麼不用它來製成腰舟，浮游於江湖之上？卻擔憂它太大而無處可容呢？看來你還是茅塞不通啊！[1]

莊子說惠子「茅塞不通」，意思是他的大腦和心靈被葫蘆的「固著性功能」塞住了。對於什麼東西可以有什麼用途，我們通常會有一些約定俗成、僵化的看法，譬如葫蘆就是用來裝東西的，這叫做「固著性功能」。因爲惠子的大腦和心靈被這種僵化觀念綁架了，所以看不出新的可能性。但莊子告訴我們，功能是人想出來的，一件東西有沒有什麼功能主要是觀點的問題：

依照事物的功用來看，順著萬物有的一面去看而認為它有，那就沒有一物不具有這樣的功能；順著萬物沒有的一面去看而認為它沒有，那麼每種東西就都沒有這樣的功能了。2

莊子建議惠子用大葫蘆「製成腰舟，浮游於江湖之上」，就是跳脫葫蘆原先的「固著性功能」，爲它找到了新用途。專門研究創意思考的心理學家狄伯諾說：「創造力是打破既有的型態，用不同的方式來觀照事物。」從這個角度來看，莊子的確很有創意。其實，不只對東西的可能用途，莊子對大小、貴賤、得失、知識，乃至人生、宇宙的觀點也都很有創意。爲什麼有些人特別能有跟別人不一樣的想法，而有些人卻想破頭也想不出什麼呢？除了閱歷外，想像力與勇氣似乎更具關鍵性。就像愛因斯坦所說：「想像力比知識重要，知識有限，想像力環繞全世界。」想像力可以釋放我們我們被拘禁的各種可能性。但空想無益，還必須有將想像公諸於世、付諸實現的勇氣。我們生活在各種定義、各種分類、各種秩序之中，但只有創新者知道，所有的定義、所有的分類、所有的秩序，都等待被打破。只有勇於打破既定的模式，你才能找到新的可能性。

莊子就是這樣一個充滿想像力，而又勇於帶頭打破各種定義、分類和秩序的先覺者；《莊子》一書正是集其想像力與勇氣的創新之作。只有先「破」，然後才能「立」，如果你想「人盡其才，物盡其用」，爲自己的人生、甚至整個社會開創新局，那你就必須勇於打破各種僵化的觀念、秩序，同時發揮你的想像力，看出新的可能性。

1 今子有五石之瓠，何不慮以為大樽而浮乎江湖，而憂其瓠落無所容？澤夫子猶有蓬之心也夫！——〈逍遙遊〉

2 以功觀之，因其所有而有之，則萬物莫不有；因其所無而無之，則萬物莫不無。——〈秋水〉

無用之用——從安於無用到追求無用

古聖今哲無不告訴我們，人生於世，應做個有用之人，不管多少，總要對別人和社會有所貢獻。唯獨莊子和大家唱反調，他竟公然鼓吹做個「無用」的人，這顯得有違常理，不過他的鼓吹「無用」其實另有用意，很值得我們深入了解。

莊子的「無用論」可以分為三個層次，第一個層次是「被動的無用論」，以〈人間世〉裡的支離疏為代表。支離疏是個重度畸形人，但他幫人縫洗衣服、篩糠簸米，不僅能自己糊口度日，還可養活十人，而且：

> 國君徵兵時，支離疏捋袖揚臂走來走去；政府徵夫時，支離疏因殘廢而免去勞役；而當政府放賑救濟貧困時，支離疏則領到三鐘米和十綑柴。1

像這樣，原本是個不幸的無用者，不僅能養家活口，還擁有正常人所沒有的許多「好處」，這就是他的「無用之用」。社會上有很多人之所以「相對無用」或「失去作用」，並非好逸惡勞等個人因素造成的，而是身不由己，對這種「被動的無用」，莊子奉勸他們不只「知其不可奈何而安之若命」，更要發現自己的「無用之用」，從「弊」中看出「利」來。譬如愛迪生年少時因爲一場意外而變成重聽，成了聽覺上的「無用者」，但在短暫的悲傷後，他發現重聽其實有很多「用處」：不必受各種噪音的干擾，而讓他能更集中精神去思考和工作，特別是專心聽電報機的喀喀聲，這爲他的改良電報機帶來莫大的助益。最後，他愉快地說喪失聽覺「讓我受益無窮」。當身體的無用成爲一種無法逆轉的事實時，安於無用，轉而去發揮「無用之用」，其實是一種積極而明智的做法。

第二個層次則是「主動的無用論」，當事者自己主動追求成爲無用者，它以〈人間世〉裡的櫟樹爲代表：被奉爲社神的巨大櫟樹被匠石批評爲「無用的散木」，用來做棺槨很快就腐爛，做器具很快就折毀，做門戶很快就流漿，做屋柱很快就遭蟲蛀；而櫟樹卻託夢辯稱：「我尋求做到無所可用的地步已經很久了，幾乎被砍死，到現在才保全住性命，這正是我最大的用處。」爲什麼要積極主動尋求「無用」呢？莊子做了更進一步的說明：

山上的樹木自己招來砍伐，油脂油膏自己被取去煎熬。桂樹因為可以食用，因而遭到砍伐，樹漆也因為可以用，所以遭受刀斧割裂。世人都知道有用的用處，卻不懂得無用的用處。1

因爲「有用」也有它的害處，兩相權衡，覺得還是「無用」可能比較好，特別是在兵荒馬亂、你爭我奪的亂世裡，這種「主動的無用論」不失爲明哲保身之道。但如果只是爲了「苟全性命」，這樣的「無用」未免太消極、甚至窩囊了！我們細察莊子所提到的「有用之害」，發現兩個特點：第一，所謂「用」，主要是被剝削、被利用，而非當事者的自我揮灑、主動奉獻；第二，他們的被利用多半是「自招」的，可用之處外顯而引起他人的注意、覬覦。從這個角度來看，莊子「主動的無用論」所追求的其實是不炫耀、不外露自己的可用之處（才能、優點等），也就是拒絕被利用。即使因此而被認爲「無用」也沒關係，因爲這樣反而保住了更重要的自主權。這種「主動的無用論」其實也是值得肯定的。

不要太用心於「用」，有時候，安於無用、追求無用，反而代表人生的一種境界。

1 上徵武士，則支離攘臂而遊於其間；上有大役，則支離以有常疾不受功；上與病者粟，則受三鐘與十束薪。——〈人間世〉

2 山木自寇也，膏火自煎也。桂可食，故伐之；漆可用，故割之。人皆知有用之用，而莫知無用之用也。——〈人間世〉

乃為大用——蘋果樹下，牛頓問莊子

華人社會受儒家思想的影響，有很濃厚的實用主義色彩，不只做人要做「有用之人」，求學做事更講究要「經世致用」，凡事必先問「是否有用」？而且不談「無用之事」，不學「無用之學」。這種明確的目的性當然有它的好處，但有時候卻難免流於膚淺、短視。莊子「無用論」的第三個層次——「反動的無用論」，就是為了矯正這種偏差的一種反動。

大家都聽過英國科學家牛頓的一個故事：有一天他坐在蘋果樹下沉思，一顆蘋果從樹上掉下來，剛好擊中他的腦袋，因而讓他產生一個問題：「蘋果為什麼不掉到天上去？」如果牛頓生長在古代的中國，而向中國老師提出上面的問題，孔子也許會皺眉說：「你這個問題何補於國計民生？你問這無用又荒唐的問題幹嘛？不要再玩物喪志了！」但莊子可能眼睛一亮，說：「你的問題看似毫無用處，卻隱含深意，你應該繼續追問下去，因為『無用之用，乃為大用』啊！」在中國的古聖先賢中，莊子很可能是對牛頓的問題最感興趣，並給予最高度評價的人。

莊子的言論向來被認為天馬行空、大而無當，在〈外物〉篇，惠施就對莊子直言「你的言論沒有用處」，莊子回答：

懂得無用才能夠跟他談論有用。大地不能不說是既廣且大了，人所用的只是雙腳能踩踏的一小塊罷了。既然如此，那麼只留下雙腳踩踏的一小塊，其餘全都挖掉，一直挖到黃泉，大地對人來說還有用嗎？[1]

這段話不只是莊子對自己學說的「無用之用」提出辯解，用它來理解現代的應用科學和基礎科學更顯得特別有意思：應用科學（如建築、化工）就好比「雙腳踩踏的一小塊地」，它是直接而用得著的知識，過去中國人很注重也很會用這一塊；而基礎科學（如數學、物理）就好像「雙腳踩踏之外的一大塊地」，目前看不出對自己有什麼用，但卻是支撐你所踩之地的基礎，你若漠視它、甚至鄙夷它，那你很快就會玩完，無法再踏出去，拓展你想要的「用」，這正是中國過去知識發展的軌跡和困局。

看似「有用」的，其實只能「小用」；看似「無用」的，卻隱含著「大用」。我們再回過頭去看牛頓的問題：「蘋果爲什麼不掉到天上去？」乍看荒誕無用，但在他窮追不捨下，卻從中發現了萬有引力，對日後的天文學、人造衛星、航太、巨型機械的發明做出莫大的貢獻。這就是莊子所說的「無用之用，乃爲大用」，它才是莊子「無用論」的精髓所在，也是他可能對牛頓的問題感興趣的原因。

西方人求學做事，有很大動機是爲了滿足個人的好奇心、求知欲與探索本能，「有用與否」反而是次要的問題。但就是這樣「爲知識而知識」，結果反而建立了輝煌的現代文明。從這個角度來看，莊子對「學」與「用」的看法，反而是較接近西方先進的觀點，時至今日，依然值得我們借鏡。

所以，如果你在碰到問題或面臨學習的取捨時，老是在心中猶疑：「我問這個問題幹嘛？我學這個對我個人、家庭和社會有什麼用？」那你應該提醒自己，莊子說「無用之用，乃爲大用」，難道你不能爲了滿足自己的好奇心與探索本能而學習嗎？

1 知無用而始可與言用矣。夫地非不廣且大也，人之所用容足耳。然則廁足而墊之，致黃泉，人尚有用乎？——〈外物〉

除舊布新——向過去的成功說再見

希臘哲學家赫拉克利圖斯說：「除了變化，沒有什麼是永久的。」因爲變化，而使得新的變舊的，某些傳統又獲得復興，於是我們在社會上、人群中、個人的腦袋瓜裡，總是看到各種新舊雜陳的東西和想法，而且還在那裡互別苗頭，拉扯消長。

社會要進步，你的人生要拓展，都需要創新。創新的最大障礙不是想不出新點子，而是因爲念舊，一遇到問題，就想用舊思維、老方法去應對、解決。〈天運〉篇裡有個故事說，當孔子目睹社會的亂象，而想在魯國推行周朝的制度時，師金提出了如下的批評：

在水上通行莫過於用船，在陸上行走莫過於車。以為船可行於水上便希望推到陸地上來走，那就終生也走不了多遠。古與今不就像水上和陸地的差異嗎？周與魯不就像船和車的不同嗎？如今一心想在魯國推行周朝的制度，這就像是把船推到陸地上來行走，徒勞而無功，自身還難免遭殃。他不懂得要隨時順變，無窮地和外在情勢相應相合。1

這樣的觀點相當程度反映了莊子是個不拘泥傳統，能求新求變的人，它也是莊子和孔子衆多差異中非常醒目的一點。

有個笑話說：一個鄉下人初抵某個大城市，住進旅館裡，第一次看到電燈泡，覺得很新奇，比鄉下用的煤油燈亮多了。當他要睡覺時，張口對著電燈泡猛吹，但不管怎麼吹，電燈泡卻都沒反應。爲什麼吹電燈泡？因爲他想用在鄉下吹熄煤油燈的方法來吹熄電燈。不要笑這位鄉下人，多數人在遇到新問題時也跟他一樣，總是率先採用過去有效的觀念、方法來應對，因爲舊的方法、傳統的觀念就好比舊鞋，除了讓人感到熟悉、安穩、自在外，還可讓當事者免於從事讓人頭痛的思考，不必自己去尋找解決問題的新方法，所以它就成了進步、創新的最大阻力。

以前行得通的，現在未必行得通；在這裡很有效的，換個地方可能一團糟。微軟電腦公司的總裁比爾．蓋茲說：「用過去成功的方法，就是下一次失敗的原因。」爲了替公司找到能創新的人才，在徵人面試時，他會提出一些奇怪的問題，譬如「你要如何移動富士山？」如果你的答案是「愚公移山」，那肯定得零分，因爲人人皆知這個古老的笨方法。微軟需要的是能自己動腦筋想出新方法的人，不管這個方法看起來多麼荒謬。

創造是除舊布新。要布新，就必須先除舊，去除舊觀念、忘掉老方法，就這點而言，莊子應該會和比爾．蓋茲談得很愉快。如果你也想要有所改變，為自己的人生和社會帶來一些新意，那你就要向莊子和比爾．蓋茲看齊，不要遇到問題，就先想到過去用過的老方法、舊觀念，而應該自己動腦筋，看看有沒有什麼新花樣。

1
夫水行莫如用舟，而陸行莫如用車。以舟之可行於水也而求推之於陸，則沒世不行尋常。古今非水陸與？周、魯非舟車與？今蘄行周於魯，是猶推舟於陸也，勞而無功，身必有殃。彼未知夫無方之傳，應物而不窮者也。——〈天運〉

當欲望被過度消費，卻讓人益感空虛時，我們需要的不是排斥欲望，而是重新定位它，接納它，然後放下它。當競爭無可避免時，我們需要的不是逃避競爭，而是將成敗得失拋諸腦後，自在、雍容與瀟灑的競爭方式。當科技產品日新月異時，我們需要的不是拒絕使用與學習，而是能善加利用卻又不受其支配。

寡欲清心——我們眞正需要的其實不多——

人活著，就會有各種欲望。有些欲望被認爲高尚良好，有些則被認爲邪惡卑下。有的人無止盡地追求和滿足各種欲望，有的人則盡可能減少甚至想消除各種欲望，莊子對欲望的看法顯然是偏向後者的，因爲他說：

那些嗜欲太深的人，他們天然的根器就短淺。[1]

但莊子並沒有像他鼓吹「絕聖棄知」般，也要人「絕欲棄望」，他反對的是過多、過深的欲望。因爲若沉迷於太多的欲望，就會使我們天然的根器因承載過多而變得短淺，甚至受到汙染、斲喪，讓人迷失本性，遠離大道。要避免這個毛病，就必須眞切地去了解自己眞正需要的是什麼、又需要多少？在〈逍遙遊〉裡，當堯想將天下禪讓給許由時，許由不爲權勢和名利所動，他在回絕堯時說：

鷦鷯在森林裡築巢，所需不過一根樹枝；鼴鼠到河裡飲水，所需不過滿腹。2

我們眞正需要的東西其實不多。欲望超過自然的需求，不僅無法讓我們有更多的滿足感，還會造成身心的傷害。一九八三年，兩伊戰爭爆發石油危機，美國石油大亨默爾在歐亞美洲間奔波，終因心臟舊疾復發而被送往英國的湯普森醫院。他在醫院包了一層樓，增設電話和傳眞機，將醫院變成他石油王國的臨時指揮中心。但在一個月後出院時，他卻搬到蘇格蘭鄉下，而且賣掉自己的公司。後來記者問他爲什麼會如此決絕？默爾說因爲他在住院時，看到醫院大樓上的一排字：「你的身軀很龐大，但你的生命需要的僅僅是一顆心臟！」那是肥胖的好萊塢影星羅斯頓因心臟病發在這家醫院過世前所說的話，院方將它刻在醫院大樓的外牆上，藉以提醒世人。這句話顯然爲默爾帶來很深的感觸，不僅使他茅塞頓開，人生幡然改變，而且還在他的傳記裡再次強調：「富裕和肥胖沒什麼兩樣，也不過是獲得超過自己需要的東西罷了」。

默爾的故事和感言，生動地反映了莊子的觀點，更值得所有正忙碌追求財富、名聲、地位的人深思。大家所追求的東西大部分都是多餘的，只有到關鍵時刻，我們才會醒悟自己眞正需要的是什麼，但通常爲時已晚。與其日後追悔，不如現在就好好清點一下自己的身邊，看看所追求和擁有的，有多少是自己不需要的？其實，什麼是自己眞正需要的東西，每個人心裡都有數（譬如健康、親情、安寧、自在等），但只有清除掉那些讓人迷失、錯亂的多餘之物後，我們才能看清它們，也才有時間去經營和享受它們。

雖然有人說「欲望無窮」，但我們眞正需要的其實比我們想追求少的很多。減少自己的欲望，這樣不僅較容易得到滿足，而且「寡欲」可以「清心」，讓我們天然的根器顯出前所未有的空明，對生命大道有更深刻、圓融的體驗。

1 其耆欲深者，其天機淺。——〈大宗師〉

2 鷦鷯巢於深林，不過一枝；偃鼠飲河，不過滿腹。——〈逍遙遊〉

莫入歧途——不追求不必要的欲望

我們的欲望可以分爲兩大類，一是自然欲望，像飲食、性、睡眠、保暖、親情、愛情、友情、探索等需求，它們都出於自然，也是生物本能；一是文明或非自然欲望，像追求財富、名聲、地位、知識、權勢、購物等，則是人類文明化後的產物，它們其實都是「非必要」的，但現代人對它們的渴盼和追求卻反而更加殷切。對自然欲望，莊子建議我們適可而止；而對非必要的文明欲望，則認爲實在是「不必要」，因爲：

> 榮貴、富有、尊顯、威勢、聲名、利祿六項，是擾亂意志的。姿容、舉動、美色、辭理、氣息、情意六項，是束縛心靈的。[1]

這些會擾亂意志、束縛心靈的大多屬於非自然的文明欲望，它們通常只是滿足我們更基本的自然欲望的工具或替代品而已，譬如擁有金錢，可以讓人更方便於食色等自然欲望的滿足；缺乏愛情與親情的人，則會轉而去追求知識或權勢以獲得替代性的滿足。但在人類文明化的過程中，卻有愈來愈多人把這些非自然的欲望當做人生追求的目標，它們不像自然欲望容易得到滿足，反而像個無底洞般永遠塡不滿，因爲不是眞正需要的東西，即使得到了，也不會有眞正的滿足，你很快就又會感到空虛，而去追求更多的財富、名聲、權勢等，結果讓心靈受到更進一步的擾亂與束縛。

常見於現代社會的「病態購物狂」即是一個明顯的例子。爲了保暖、蔽體等需要，我們必須穿衣服，但從功能來看，不管是內衣或外套、夏服或冬裝，我們眞正需要的可能不會超過十五套，但多數人衣櫃裡的衣服卻遠遠超過這個數目，有的甚至買來就掛在那裡，連穿都沒穿過。很多人並非爲了「需要」，而是爲了「擁有」去購買衣服，有的甚至一買再買，不買不快，達到瘋狂的程度，但這其實是一種「心理病態」，是爲了補償某種更深沉欲望（譬如愛欲）受挫而產生的非理性行爲。擁有某些時髦的東西，固然能帶來短暫的快樂，但因爲它們不是眞正的「需要」，所以很快就又會感到空虛，讓人悶悶不樂，於是就又去買更多更時髦、更高貴的東西，希望讓自己能更快樂一點，但這其實是一種惡性循環——因欲望誤入歧途而掉進一個讓人愈陷愈深的泥沼。

要跳出這個泥沼，就必須認清你所熱切追求的各種物質或財富、名聲、地位、知識等，其實都是不必要的欲望，它們只是滿足更基本的自然欲望的工具或替代品。如果你衣食無憂、夫妻恩愛、家庭和諧、與人關係熱絡、喜歡大自然，那又何必退而求其次，去追求次要的財富、名聲、地位、知識呢？而爲了追求財富、名聲、地位、知識，卻犧牲掉親情、愛情、友情與健康，則更是本末倒置、得不償失的愚昧表現。

1 富、貴、顯、嚴、名、利六者，勃志也。容、動、色、理、氣、意六者，繆心也。——〈庚桑楚〉

非關壓抑——對欲望的重新定位與接納

在面對欲望的問題時，「清心寡欲」是個理想目標，但理想目標總是難以達到，或是在抵達之前必須經過很多的挑戰、衝突和博鬥。要寡欲不容易，因爲內有各種渴望在心裡蠢蠢欲動，外有諸多誘惑在那邊殷勤招手。如何面對這種內外夾擊？〈讓王〉篇裡的一段對話爲我們提出了一個觀點：

中山公子牟對瞻子說：「我雖身居江湖，心裡卻惦念著宮廷的榮華，怎麼辦呢？」瞻子說：「要看重生命。看重生命就能看輕名利。」公子牟說：「我也知道這個道理，但就是不能克制自己。」瞻子說：「不能克制自己那就順其自然，這樣心中才不會有厭惡之情。不能克制自己又要勉強不順自己的心意，這就叫做雙重損傷。受到雙重損傷的人，就不能高壽。」[1]

透過這段對話可知，莊子告訴我們，當某些欲望頻頻向你招手，而又讓你排除不了時，可以採取如下的兩個步驟：先是重新定位這些欲望，淡化它們的重要性與必要性，譬如以「看重生命」來淡化「對名利的渴望」。英國哲學家羅素青年時代性欲旺盛，染上手淫的習慣，他覺得這樣不太好，但想戒卻又戒不掉，為此深感苦惱。後來他愛上了一個女孩子，心中充滿對純潔愛情的想望，就自動戒掉了手淫的習慣，因為他認為如果再繼續手淫，那自己就是個「骯髒齷齪」的人，不配追求純潔的愛情。這就是對欲望的重新安排與定位，有人說：「消除壞習慣的最佳方法是用一個好習慣去取代它」，對欲望亦是如此，要消除一個讓人耽溺的卑下欲望，最可行的方法是用一個更高雅的欲望去取代它。

但如果眞的努力去化解，還是沒有辦法克制某些欲望，那莊子建議不如就「順其自然」，因為一再勉強自己去做自己做不到的事，只會因挫敗而更加厭惡、鄙視自己。但這不是說就放任自己去追求、飽饜各種欲望，而是有很多欲望，你愈抗拒、愈禁止它，它就會變得愈有誘惑力，譬如有人對你說：「在接下來的一個鐘頭裡，你什麼都可以想，但就是不准想起蛋糕。」你也許已經有好幾個月都沒有想過蛋糕，但一聽到這種禁令，就會有各種蛋糕開始試圖闖進你的腦海，而且揮之不去，結果，在接下來的一個鐘頭裡，想最多的可能就是蛋糕，還興起想吃蛋糕的強烈欲望。對多數人來說，愈是被禁止、愈想要抗拒的欲望，就愈具有吸引力，愈讓人念念不忘，結果經常是適得其反。因此，不如用平常心看待它們、接納它們，當你接納它們後，覺得也不過是如此，不再那麼迷人，反而能讓你重新思考要和它們維持什麼樣的關係。就好像蘇東坡在一首詩裡所說的：「廬山煙雨浙江潮，未到千般恨不消；及至歸來無一事，廬山煙雨浙江潮。」傳說中的奇山異水令人嚮往，你愈去不了就愈覺得遺憾，等到終於去了、如願以償了，覺得也不過如此，於是你就擺脫了它們的魔咒。

有些欲望，你一味地逃避、壓抑是沒有用的，反而是面對它、重新定位它、接納它，你才能放下它。

1
中山公子牟謂瞻子曰：「身在江海之上，心居乎魏闕之下，奈何？」瞻子曰：「重生。重生則輕利。」中山公子牟曰：「雖知之，未能自勝也。」瞻子曰：「不能自勝則從，神無惡乎？不能自勝而強不從者，此之謂重傷。重傷之人，無壽類矣。」——〈讓王〉

拋棄多餘——在奢華、精緻與簡約之間

幽默作家馬克吐溫曾語帶調侃地說：「文明就是無止境地累積不需要的必需品。」走進百貨公司或大賣場，你會看到各種生活必需品，但若仔細推敲，你又會發現它們大部分其實都是不需要的。對於這種「不需要的必需品」，莊子用了一個非常巧妙的比喻：

併生的足趾和枝生的手指，是出於本性嗎？卻超過了應得。附生的肉瘤是出於形體嗎？卻超過了本性。1

文明讓我們生活中充滿各種多餘的事物，它們就好像人體多長出來的枝指或贅瘤，不僅違反本性，而且無用。譬如鞋子，我們眞正需要的也許只有皮鞋、運動鞋和涼鞋三雙，其他的都是不需要的。這一類的不需要雖然多餘，卻也沒什麼大礙，但有些不需要就好比畫蛇添足，不僅會破壞原有的美感、失去本來的意義，甚至還會帶來禍害。譬如食物，我們必需吃東西才能維持生存，但很多人卻吃了太多，結果導致肥胖，傷害到身體健康。

現在有很多東西都走精緻路線，特別是商品的包裝愈來愈精美，一盒月餅打開來，要拆解五、六層包裝，才能吃到眞正的月餅。那些包裝之細膩、精美與巧思雖然讓人讚嘆，但卻是不必要的多餘之物。包裝精美的月餅通常不好吃，這讓人想起莊子所說的：

大凡喪失真性有五種情況：一是五種顏色擾亂視覺，使得眼睛看不明晰；二是五種樂音擾亂聽覺，使得耳朵聽不真切；三是五種氣味薰擾嗅覺，壅塞鼻腔直達額頂；四是五種滋味穢濁味覺，使得口舌受到嚴重傷害；五是取捨的欲念迷亂心神，使得心性輕浮躁動。這五種情況，都是生命的禍害。2

對原有事物的過度包裝、精緻化與矯飾，這些看似在「提升」事物品質的作爲，在莊子眼中不只是多餘的，更是禍害，因爲它們讓事物失去了眞性，也讓我們的感官受到惑亂，在感覺上變得遲鈍失眞。譬如食物，一些精緻料理喜歡在食材上加上一大堆配料、調味品和火候，看似功夫到家，但反而讓食物失去了它的原汁原味。

相對於精緻主義，當前社會上另有一種簡約主義，特別是藝術上的極簡主義，強調對事物初始原形與本質的追求，在造型、用色、修辭、音節方面都力求簡單，減少對消費者意識的不必要干擾，但有些似乎簡約過了頭，譬如只剩下幾何形狀或黑白兩色，這遠非事物的原貌與性命之情，同樣是在扭曲自然。莊子認爲：

野鴨的小腿雖然短，續長一截就有憂患；鶴的小腿雖然長，截去一段就會痛苦。事物原本就長的，不可以隨意截短；原本就短的，也不可以隨意續長。3

什麼都力求簡單，簡而再簡，其實也是另一種過度。不必要的精緻、不必要的大、不必要的高，固然是多餘，但不必要的粗糙、不必要的短、不必要的小，同樣是多餘。莊子主張的「不失其性命之情」——不要違背事物的自然性質，在這個把精緻與簡約都視爲高雅時尚的當今社會裡，特別值得我們深思。

1 駢拇枝指，出乎性哉！而侈於德。附贅縣疣，出乎形哉！而侈於性。——〈駢拇〉

2 且夫失性有五：一曰五色亂目，使目不明；二曰五聲亂耳，使耳不聰；三曰五臭薰鼻，困惾中顙；四曰五味濁口，使口厲爽；五曰趣舍滑心，使性飛揚。此五者，皆生之害也。——〈天地〉

3 鳧脛雖短，續之則憂；鶴脛雖長，斷之則悲。故性長非所斷，性短非所續。——〈駢拇〉

知足養志——讓富貴成爲浮雲的四個步驟

「富貴如浮雲」，很多人說他們知道是知道，但就是看不開、做不到，難以忘懷對名利的渴望和追求，有時候還覺得是身不由己，「樹欲靜而風不止」。其實，問題還是在自己，沒有人強迫你去追名逐利，要想眞的把「富貴」看成天邊的「浮雲」，需要改變自己的想法和做法。莊子給我們的建議是，第一，不要只看到富貴的好處，而要留意它們的缺點：

富人勞苦身體，辛勤工作，聚積很多錢財卻不能全部享用，這對護養身體可說太不看重了！貴人夜以繼日，憂慮著如何保全祿位，這對護養身體也是太過疏忽了！人活在世間，憂愁也跟著一道產生，如影隨形，長壽的人昏昏沉沉，久憂不死，那是多麼痛苦啊！[1]

在〈盜跖〉篇裡，莊子更一口氣說出了富貴多金有讓人迷亂、辛苦、病重、羞恥、憂慮、恐懼的「六大害」，凡事有利就有弊，多想想富貴可能帶來的禍害，自然能讓你不再那麼熱衷於追名逐利。第二，要知道天下沒有白吃的午餐，你必須爲追求富貴付出代價，結果可能讓你得不償失：

現在如果有這樣一個人，用隨侯的寶珠去彈射千仞高的麻雀，世人一定會嘲笑他，為什麼呢？因為他所付出的東西很貴重而所追求的東西卻很輕微。我們的生命，豈止像隨侯的寶珠那樣貴重呢！2

如果你認爲健康、親情、愛情、自由、安適等是人生最可寶貴的東西，而富貴名利只是過眼雲煙，那麼犧牲貴重的東西去換取價值輕微的東西，不只得不償失而已，甚至還是一種愚昧的行爲。第三，我們要懂得知足，在〈讓王〉篇裡，孔子看到顏回生活貧困，問他爲什麼不去做官？顏回說他不想當官，因爲「我城外有五十畝地，足以供給我要吃的糧食；城內有四十畝地，足夠生產我要穿的絲麻；彈琴足夠我自己消遣，學習老師所教的道理足夠讓我自得其樂，所以不想當官。」孔子聽了，稱讚他說：

知足的人不會因為利祿而勞累自己，自在的人即使損失了什麼也不會恐慌畏懼，修養內心的人沒有官位也不會感到羞愧。3

就像蘇格拉底所說：「滿足於最少的人最富有。」能夠知足自在，當然就不會再奢求身外之物了。最後，就是要專注於人生的其他目標，來取代並忘懷對富貴、名利的渴望，〈讓王〉

篇提到另一個視富貴如糞土的曾子：他穿著破爛、捉襟見肘的絮袍，面色浮腫，手腳生繭，經常兩三天沒生火做飯，但卻拖著破鞋，愉快地吟唱〈商頌〉，聲音洪亮充滿天地，好比金石樂器的演奏。爲什麼他能如此怡然自得呢？因爲：

修養心志的人能忘卻形骸，調養身形的人能忘卻利祿，求道的人能忘卻心機。4

如果你對自己爲什麼要活在這個世界上，在短暫的人生中應該珍視的又是什麼能有清晰的認識、明確的意向，那一般人所追求的、戀戀不忘的富貴與名利，在你眼中自然會像天邊的浮雲，失去了吸引力和干擾力。

1 夫富者，苦身疾作，多積財而不得盡用，其為形也亦外矣。夫貴者，夜以繼日，思慮善否，其為形也亦疏矣。人之生也，與憂俱生，壽者惛惛，久憂不死，何苦也！其為形也亦遠矣。——〈至樂〉

2 今且有人於此，以隨侯之珠彈千仞之雀，世必笑之。是何也？則其所用者重而所要者輕也。夫生者，豈特隨侯之重哉！——〈讓王〉

3 知足者不以利自累也，審自得者失之而不懼，行修於內者無位而不怍。——〈讓王〉

4 養志者忘形，養形者忘利，致道者忘心矣。——〈讓王〉

靜若木雞——理想的社會競逐之道

今天的社會充滿各種競爭，不只有各種大大小小的運動競賽、才藝競賽，在學校或公司裡，也有定期的考試與考績，和同學、同事比高下。即使你不主動與人爭，還是有好事者會拿你和你的同行做比較，定出等級。我們不必排斥競爭，甚至應該歡迎競爭，因爲競爭可以產生「社會激勵作用」，讓你發揮更多的潛能，表現出比平時更好的成績。但無可諱言，競爭也會讓我們感到焦慮 患得患失，甚至爲了求勝而做出一些讓我們留下心理疙瘩的事。也許，我們需要的是一種比較「自在」的競爭態度和方式。

鬥雞是一種非常古老的競技活動，《莊子》裡有一個故事談到鬥雞：紀渻子爲周宣王養鬥雞。過了十天，周宣王問說：「雞可以鬥了嗎？」紀渻子回答：「不行，還驕昂而恃氣。」十天後周宣王又問，紀渻子回說：「不行，還是聽到聲音、看見影像就會回應。」十天後周宣王再問，回說：「不行，還會怒視而氣盛。」又過了十天再問，紀渻子回答說：「差不多了。」因爲：

別的雞即使鳴叫，牠也不為所動，看上去像木雞一樣，精神凝靜。別的雞不敢應戰，看到牠掉頭就逃跑了。1

「呆若木雞」這句成語就是從這裡來的。但這不是「呆」，而是忘掉競爭對手、忘掉勝負，放空一切後所產生的「凝靜」，不管其他鬥雞如何在旁叫囂挑釁，牠都「目無餘雞」，不爲所動，這其實是一個競爭者夢寐以求的境界。很多競爭者在比賽時，不只在意輸贏，得失心太重，還有一個常見的毛病，就是將心思放在對手身上，密切去注意對方的一舉一動，並因此而焦慮苦惱，那就會造成「社會干擾作用」，讓你無法專心，自亂陣腳，結果反而表現得比平時更差。

贏得二〇〇四年雅典奧運三米跳板跳水冠軍的郭晶晶，二〇〇八年在強敵環伺的情況下衛冕，而比賽地點就是在北京。記者問她是否感覺壓力特別大？郭晶晶說：「我沒感受到太大壓力。在哪裡比賽對我而言沒什麼不同，我只需要和我自己比賽。」這種「只和自己比賽」就是忘掉競爭對手、忘掉勝負，一種理想而自在的競爭態度（也許就是這種態度，而使她在北京奧運時順利衛冕成功）。「自在」，就是「別人不在」，大家都聽過一句成語叫「目中無人」，意思是「自視甚高，不將別人看在眼裡」。要在激烈的競爭中勝出，當然需要有高度的自我評價，但郭晶晶所說的「我只需要和我自己比賽」，則是更高層次的「目中無人」，那不是妄自尊大，而是在比賽時，沒有感覺到競爭對手的「存在」。莊子故事裡那隻鬥雞的「目無餘雞」，正是這個意思。

所以，當競爭無法避免時，那就要做一隻理想的鬥雞：不管在哪裡比賽，不管競爭的對手有幾個、看熱鬧的觀眾有多少，你都不受影響。在你心靈的視野中，永遠只有你一個人在場，在那裡凝靜、自在而愉快地表現自己，忘記了別人，也忘記了輸贏。

1 幾矣。雞雖有鳴者，已無變矣，望之似木雞矣，其德全矣，異雞無敢應者，反走矣。——〈達生〉

不入於心——酷酷涼涼地脫穎而出

人世間的競爭有很多形式，比賽是競爭，被挑選也是競爭。現實生活裡有一個經常可見的場景：一群求職者或表演者排排坐，等著進場被品頭論足，或等待勝負結局的揭曉。有的人搔首弄姿想獲得挑選者的青睞，有的像等待宣判的罪人，臉上露出既期待又怕受傷害的表情。看了除了感嘆世道艱難外，還眞叫人有點不忍。但在被挑選時，非得如此嗎？〈田子方〉篇裡有個故事說：

宋元君打算畫幾幅畫，眾多的畫師都聞訊來報到，接受了旨意便在一旁恭敬拱手站立，而舔筆調墨，站在門外的還有半數人。有一位畫師最後來到，神態自若一點也不慌急，在接受旨意後也不恭候站立，就自行回到館舍裡。宋元君派人去看，發現他已經解開衣襟，裸露身子，叉腿而坐。宋元君知道後，說：「好呀，這才是真正的畫師。」[1]

顯然，宋元君後來挑選了這位畫師來替他畫畫。爲什麼這位看起來隨隨便便的畫師能異軍突起，被宋元君看中呢？在這個故事前面另有一段：

百里奚不把爵祿放在心上，所以養牛而牛肥，使秦穆公忘了他的卑賤，將政事交給他。有虞氏不把生死放在心上，所以能打動人心。2

因爲不把勝負得失、被錄用與否放在心上，所以能有讓人印象深刻的雍容、豁達、瀟灑，結果反而因此勝出。這讓人想起一八八八年的美國總統大選，當年哈里森代表共和黨與尋求連任的克里夫蘭（民主黨）角逐，因爲通訊不似現代發達，當最後的結果出爐，確定由哈里森當選時，已是晚上十一點。哈里森的一位好友打電話到他家道賀，誰知道他的家人說他已像平日一樣，很早就上床睡覺了。第二天，朋友問他爲什麼那麼早睡？哈里森說：「熬夜並不能改變選舉結果，如果我當選，我知道我前面的路會很難走。所以不管怎麼說，睡個好覺不失爲明智的選擇。」

的確，在等候勝負揭曉時，心裡七上八下、慌急、焦慮、失眠，不僅沒有用，而且還會讓你看起來像待宰的羔羊。畫師和哈里森的表現，看起來都很酷，但酷（cool）就是涼，所謂心靜自然涼，當你不把競爭或被挑選的結果放在心上時，你就能因靜而涼或因涼而靜，而流露出與衆不同的自在、雍容與瀟灑。

很多人爲一個小小的考驗、盼望，而緊張、煩惱得睡不著覺，那是他見過的世面太小，得失心太重，心頭太熱，在風風雨雨中迷失了自己。莊子告訴我們，不管接受什麼考驗，在做了充分準備，盡了力之後，不妨涼一點，酷一點，睡飽一點，因爲這樣才有活力去應付接下來的挑戰。

1 宋元君將畫圖。眾史皆至，受揖而立；舐筆和墨，在外者半。有一史後至者，儃儃然不趨，受揖不立，因之舍。公使人視之，則解衣般礴贏。君曰：「可矣，是真畫者也。」──〈田子方〉

2 百里奚爵祿不入於心，故飯牛而牛肥，使秦穆公忘其賤，與之政也。有虞氏死生不入於心，故足以動人。──〈田子方〉

終則有始——對得失成敗的圓融觀點

人生總是有成有敗，有得有失，但得失心如果太重，不僅會干擾我們的表現，而且隨之而起的情緒騷動還久久無法平息。要如何以平常心看待成敗與得失？莊子提供我們的方法是將所有的得失放在一個更大的框架中來觀察：

萬物有生死變化，不會仗恃一時的成就；時而空虛時而盈滿，沒有固定的形狀。年歲不能存留，時光不能挽住，消滅、生長、充實、空虛，都是終結了再開始，一再循環著。1

從宏觀的角度來看，沒有什麼是固定不變的，成敗得失一直在消長變化中。馬來西亞的華僑謝英福，在他經商有成、輝煌騰達後，馬來西亞的首相馬哈迪找他去擔任一家有鉅額虧損的國營鋼鐵廠總裁，他不假思索地答應了。很多人認爲這個決定既冒險又錯誤，但謝英福卻坦然說：「當年我來到馬來西亞時，口袋裡只有五塊錢，這個國家讓我成功，現在我要回饋這個國家，如果我失敗了，也不過損失了當初的五塊錢。」結果，謝英福不僅讓這家公司起死回生，自己也因此而成為「鋼鐵大王」。

拉長時間來看，今天的「得」，可能導致日後的「失」；而今天的「失」，可能為來日的「得」播下種子。「塞翁失馬，焉知非福？」所以，我們實在不必斤斤計較於一時的得失。即使有所謂的「失去一切」，那也不過是回復從前的你，而你以前不是也過得好好的嗎？有什麼好懊惱的呢？

更進一步來說，很多的「得」與「失」，其實也不是我們自己能掌握的。〈田子方〉篇提到孫叔敖，三次出任令尹不覺榮耀，三次罷官也不見憂色，都一副安然自在的模樣，肩吾好奇問他是怎麼做到的？孫叔敖回答說：

我哪有什麼過人之處啊！我認為官爵的來不必推卻，它的去也不能阻止。我認為得與失都不在於我，因而不會有憂愁的神色。我有什麼過人之處呢？況且不知道可貴的是令尹呢，還是我？如果是令尹，那就與我無關；如果是我，那就和令尹無關。我心安理得悠閑自在，張望四方，哪裡顧得了人間的尊賤呢！2

如果能認識到得失、成敗、榮辱跟自己的關係並沒有自己想像的那麼「直接而密切」，自己最能掌握、也最可貴的是自己是否盡了力、是否能心安理得？如果答案是肯定的，那麼就較能將得失、成敗、榮辱置之度外，安然自在。

眼界放大一點，眼光看遠一點，你就不會爲一時的得失、成敗、榮辱而太過興奮或悲哀。的確，一個人空手來到這個世界，離開時也是兩手空空，你得到了什麼，又失去了什麼呢？重要的是心安理得地做事，安然自在地生活。

1 物有死生，不恃其成；一虛一盈，不位乎其形。年不可舉，時不可止；消息盈虛，終則有始。——〈秋水〉

2 吾何以過人哉！吾以其來不可卻也，其去不可止也，吾以為得失之非我也，而無憂色而已矣。我何以過人哉！且不知其在彼乎，其在我乎？其在彼邪，亡乎我；在我邪，亡乎彼。方將躊躇，方將四顧，何暇至乎人貴人賤哉！——〈田子方〉

機事機心——堅守對科技文明的選擇權

科技文明大大改變了人類的生活，不管是食衣住行、工作或娛樂，都因科技產品的使用而變得更方便、更豐富。但在豐富與方便之餘，我們似乎也變得更加無所適從、心情更浮躁、人際關係更疏離。其實，科技文明古已有之，只是不像今天這樣普遍、發達而已。莊子對科技文明有什麼看法呢？下面這個故事可以給我們一些線索：

子貢到楚國遊歷，回程路過漢陰時，看到一個老者正在整地開畦，抱著水甕來回澆水灌地，甚爲辛苦，他於是向老者介紹一種利用槓桿原理省力的汲水機械——桔槔。灌園叟聽了，臉色一變，說：

我聽我老師說，有機械的必定有機巧，有機巧的必定會有機心。機心存於胸中，就會失去純潔空明的心境，精神也跟著不安定；精神不安定，大道也就無法充實他的心田。我不是不知道你所說的辦法，而是感到羞恥，不願那樣做呀！1

子貢聽了，大感慚愧。後來子貢向孔子提起這件事，孔子也對灌園叟讚美一番。姑不論這個故事是否編造，它告訴我們兩件事：一是社會文明自古即有兩條路線之爭，功利實用主義色彩濃厚的儒家認爲，桔槔用力小而功效大，所以應該用它來取代費力多而功效小的抱甕灌園。但道家卻認爲機械會激起大家競逐的機心，快還要更快、巧還要更巧，人心會變得愈功利愈不安，他們追求心靈的安適、自由與飽滿，所以寧可抱甕灌園，而拒絕使用桔槔。另一個是道家的自然眞樸主義勝過儒家的功利實用主義（最少在故事裡是這樣），莊子顯然是站在灌園叟與道家這邊的。

所謂「有機械者必有機事，有機事者必有機心」，當然有它的道理。譬如我們現在用電腦網路來找資料，比傳統的手工方法要方便而快速，但在上網搜尋時，我們忍不住就會瀏覽過多的資訊，網頁跳出來的速度稍慢一點，還會讓你不耐煩地亂轉滑鼠，而且在不知不覺間將電腦的「操控」模式運用在人際關係裡，這比起傳統悠閒的找資料方式確實更讓人「純白不備」與「神生不定」。

但其實，拒絕桔槔的灌園叟所抱的甕、所鑿的井，也都是人類爲了省力、提高效率而創造出來的工藝產品和設施。我們不可能擯棄所有的科技產品，問題是要接納、使用到什麼程度？喜歡莊子的海森堡在《物理學家的自然觀》特別指出，灌園叟所說的「神生不定」是「人類今日危機處境中最適當的描述之一」，但問題不是出在科技本身，而是來自它們的飛速進展，快得使我們沒有時間去適應新的生活條件。今天最大的問題不是我們在做選擇而是在做適應——調整我們的觀念和行爲去適應新的科技產品。

雖然時代不同，但社會文明的兩條路線之爭依然存在，在衆多的科技產品之前，我們面對了跟灌園叟同樣的情境，而他提醒我們，爲了保有心靈的安適、自由與飽滿，一個有智慧的人應該堅守自己的選擇權，自行決定要讓科技產品介入你的生活到什麼程度，要懂得對某些科技產品說「不」。

1

吾聞之吾師：「有機械者必有機事，有機事者必有機心。」機心存於胸中，則純白不備；純白不備，則神生不定；神生不定者，道之所不載也。吾非不知，羞而不為也。——〈天地〉

物而不物

如果賈伯斯向莊子推銷iPhone

二十一世紀的科技狂人賈伯斯不只改變了蘋果電腦，更改變了全世界。近年來，每當蘋果電腦預告將推出新款的i系列產品時，全球的消費者無不引頸企盼，而在賈伯斯親自上場示範、發表新產品後，更在全球造成搶購熱潮。在賈伯斯的帶領下，「好還要更好，快還要更快」幾乎已成為全球蘋果迷的共同信仰，每個人手上都擁有好幾款的i系列產品。

賈伯斯不幸英年早逝，如果在另一個世界裡，他遇到莊子，而向莊子推銷iPhone，你想莊子會購買嗎？要回答這個問題就必須先回答：如果莊子活在這個時代，你想他會使用電腦和手機嗎？相信很多人的答案都是「不會」。這主要是受到前面所說〈天地〉篇裡那個灌園叟故事的影響，灌園叟不想讓功利機巧傷害他心靈的淳樸，而拒絕使用省力又有效率的桔槔。電腦和手機正是「功利機巧」的科技產品，所以莊子顯然會跟他筆下的灌園叟一樣，拒絕使用電腦和手機。

但除非你什麼工藝或科技產品都不用，否則只想用井與甕、汽車與電燈，卻排斥、拒絕使用桔槔、電腦與手機，不僅讓人懷疑是故步自封，無法接受新事物；而且將自己慣用的科技產品視爲「自然眞樸」，新發明而自己不會用、不想學怎麼用的科技產品就是「機事機心」，如此「喜怒爲用」，厚彼薄此，更違背了莊子齊物論的核心思想。要想了解莊子對電腦、手機、iPhone的可能看法，也許我們要釐清一個更基本的問題——莊子對人與物關係的看法：

擁有眾多物品的人，不可以被物品役使；使用外物而不為外物所役使，所以能主宰天下萬物。明白了能主宰外物的人本身就不是物，豈只是能治理天下百姓而已啊！這樣的人能往來於天地四方，神遊於整個世界，獨來獨往，無拘無束，可稱為「獨有」。擁有萬物而又超脫於萬物，特立獨行，便是無上的尊貴。[1]

從這段話可知，莊子認爲人與物的理想關係是：我們要會使用外物，但卻不能被外物所支配；雖然擁有萬物，但卻又能超脫萬物。任何人都無法擯棄科技產品，關鍵在於你的選擇。對於電腦和手機，重點不是你想不想擁有、要不要學習如何使用，而是不排斥擁有、不拒絕使用、能善加利用而又不受其支配，那才是眞正的「超越」。你不覺得前面所說「能往來於天地四方，神遊於整個世界，獨來獨往，無拘無束」的理想人物，就是帶著一部筆電和一支手機走天下的人嗎？

從這個角度來看，如果莊子活在這個時代，那他應該會使用電腦和手機，可能還會有一兩個 i 系列產品，但卻不會經常更新，因爲他覺得電腦和手機夠用就好，而不會受到賈伯斯的蠱惑，每隔幾個月就去換具有新功能的 i 系列新產品，被蘋果電腦和賈伯斯牽著鼻子走。他會同意物理學家海森堡對他的解說：眞正讓人「純白不備，神生不定」不是科技，而是盲目追逐不斷推陳出新的科技產品。

對活在當下的你我來說，也許，這才是我們應該具備的既符合莊子精神，而又適用於科技社會的觀念。

1 有大物者，不可以物物；物而不物，故能物物。明乎物物者之非物也，豈獨治天下百姓而已哉！出入六合，遊乎九州，獨往獨來，是謂獨有。獨有之人，是謂至貴。——〈在宥〉

對於情緒，莊子主張自然流露，不必有任何人為的添加，更不要傷害到我們的身心；要做自己情緒的主人，而非淪為它們的奴隸。與其到身外去追求快樂，不如擁有一顆快樂的心，培養我們內心對快樂的感受。對人生的不如意，要「缺而不陷」，不可陷落在消沉與悲哀中。親子與夫妻之間，關懷與了解才是真正而自然的愛。

吹萬不同——情緒是我們發出的「人籟」

「人非草木，孰能無情？」人不只有情，而且還有七情，也就是《禮記》上所說的「喜、怒、哀、懼、愛、惡、欲」，這幾種情緒都與生俱來，不學就會。我們在觀照和回應周遭的人、物、事時，都會加上濃淡不一的情緒色彩，就是這些色彩而使我們的人生變得七彩繽紛，但它們在我們心中的波濤起伏卻也經常讓人暈頭轉向。莊子是怎麼看待情緒的呢？在〈齊物論〉裡有這樣一段話：

> 他們時而欣喜、時而憤怒、時而悲哀、時而歡樂；他們時而憂慮、時而嗟歎、時而反覆、時而恐懼；他們時而浮躁、時而放縱、時而張狂、時而作態；好像樂聲從中空的樂管中發出，又如菌類由地氣的蒸騰而成。這種種情態日夜在心中更替，卻不知道是怎樣發生的。算了吧！算了吧！一旦恍悟到這一切發生的道理，就可以明白這種種情態所以發生的根由了吧！[1]

說的雖然是勾心鬥角、互相激辯者的反應，其實也是多數人都有過的共同經驗。我們的情緒不只多樣，而且多變，本來還高高興興的，但忽然就莫名其妙地感到哀傷。它們的出現和消失似乎都不是我們所能控制的，大家都被突然冒出來的情緒拖著走。莊子指出，要想認識情緒，進而不受它們的擺布，就必須先了解它們是「怎樣發生」的。

現代心理學和生理學告訴我們，每一個情緒反應都包含刺激源、主觀感受與生理反應三部分。有刺激才有反應，刺激來源有外在與內在兩種，而以被人責罵、目睹車禍等外在刺激占大宗，但像作夢、憂思等內在刺激也是情緒來源。喜、怒、哀、懼、惡等語彙就是用來描述我們受刺激後的主觀感受，而心跳加快、手腳顫抖、咬牙切齒等則是生理反應。多數專家認爲，生理反應要先於主觀感受，但兩者會相互影響，而且同樣的生理反應會讓人產生不同的主觀感受。兩千多年前的莊子說情緒「好像樂聲從中空的樂管中發出」，可以說是對此的文學式粗略描述：「樂管」就是我們的身體和心靈，在受到刺激（被人吹或風吹）時，會發出各種「樂聲」（生理騷動反應），然後這些「樂聲」又被感受成喜、怒、哀、懼、惡等。這些情緒其實也就是莊子所說的「人籟」之一（「人籟」是人爲製品竹簫所發出的聲音，「地籟」是風吹大地萬竅所發出的聲音，「天籟」是造化本身的聲音）。

風吹萬種竅孔發出各種聲音，這些聲音之所以不同，乃是由於各個竅孔的狀態所造成的，發動它們發聲的還有誰呢？[2]

刺激源（風）本身是沒有什麼情緒色彩的，情緒是當事者（竅孔）受刺激後才產生的，而且不同的身心狀態會讓當事者產生不同的情緒反應。這讓人想起現代心理學對情緒的認知觀點：人類在受到刺激後，通常會根據他的思想、記憶、理解等較高級的心靈功能進行評估與判斷，來修飾他可能的生理反應和主觀感受，然後選擇自己認爲最恰當的應對策略。譬如老闆罵你和下屬罵你，你會有不同的情緒反應，因爲在反應之前，你多了一個評估與選擇的認知程序。又譬如你心愛的人給你壞臉色看，你會做「良性的再評估」，修正看法，認爲情況並沒有自己想像的那麼糟，減少負面情緒的發作。

莊子要我們「恍悟」的也許就是這些「道理」，因爲只有了解情緒產生的根由和來龍去脈後，我們才能經由自己的認知程序去修飾它們、管理它們、不再受它們的肆虐。

1 喜怒哀樂，慮歎變慹，姚佚啟態；樂出虛，蒸成菌。日夜相代乎前，而莫知其所萌。已乎已乎！旦暮得此，其所由以生乎！——〈齊物論〉

2 吹萬不同，而使其自己也，咸其自取，怒者其誰邪！——〈齊物論〉

情緒管理——看似無情卻有情

哲學家懷海德曾說：「我們的生活有百分之九十受情緒控制。」不管比例是多少，情緒的確對我們生活有重大的影響力。近來流行所謂「情緒管理」的說法，顯然多數人對自己的情緒表現不是很滿意，覺得有很大的改善空間。情緒的確是可以「管理」的，因爲除了少數非身不由己的本能反應外，大部分的情緒反應都可以經由認知與學習來調節。

但要怎麼「管理」情緒呢？又要以什麼爲目標呢？很多人以爲最好能做到「泰山崩於前而色不變，麋鹿興於左而目不瞬」，也就是對外在刺激、情緒反應愈少愈好，最好能「無動於衷」。莊子似乎也有這種看法，因爲他說：

> 憎惡、愛欲、欣喜、憤怒、悲哀、快樂這六項，是負累德性的。1

不管是正面或負面情緒，都會讓人身心騷動，有違寧靜的需求，所以將情緒反應降至最低、乃至於無，也不無道理。大概是這樣，很多人以爲莊子的情感可能不太豐富，甚至還覺得他是個「無情」的人，除了上面那段對情緒持負面觀點的說法、在妻子死時鼓盆而歌外，更因爲他和惠子的如下對話：有一天，惠子問莊子：「人是無情的嗎？」莊子說：「是的。」惠子又問：「既然無情，怎麼能稱作人呢？」莊子說：「道賦予人容貌，天賦予人形體，怎麼能不稱作人呢？」惠子說：「既然稱爲人，怎麼能無情？」莊子回答說：

這並不是我所說的情呀！我所說的無情，是說人不要以好惡去損害自己的本性，經常順任自然而不用人為去增添。2

從這段對話可知，莊子所說的「無情」並非「冷漠無感」，而是說「不要有一般人的情緒反應」，它有兩個含意：一是不要讓你的情緒傷害到你的身心；一是情緒自然流露即可，不必有任何人爲的添加。情緒既是一種本能、自然的反應，那麼像「泰山崩於前而色不變，麋鹿興於左而目不瞬」這樣的「無動於衷」是違逆自然的，也是不足取的。

人們過度歡欣，就會損傷陽氣；過度憤怒，就會損傷陰氣。陰與陽相互侵害，四時就會不順，寒暑也不會調和，這豈不反而傷害到自身麼！3

莊子顯然認爲，會傷害到身心的並非情緒，而是「過度的情緒反應」。而他對情緒的「無情管理」其實就是用理智去調節，不要讓各種正面或負面情緒「熱過頭」，而這種「熱過頭」通常是人爲添加的。

從管理學的角度來看，我們每個人都是自己情緒的「製造商」，雖然自然賦予我們表達各種情緒的裝備，但要如何生產、加工、包裝、出貨，全看你自己。如果說「情緒管理」指的是這個加工製造過程的控管，那麼莊子的「無情管理」也可說是一種「無爲管理」——不是無所作爲，而是不要讓情緒傷害到你的身心；讓情緒自然流露，不必有任何人爲的添加——看似無情卻有情，因爲它是以尊重、友善的態度來對待自己和自己的情緒，所以其實是相當「有情」的。

有人說：「管理的藝術不在於做指示、下命令，而在於喚醒、鼓舞員工爲工作目標去奮鬥。」莊子告訴我們，情緒管理的最高藝術與境界也不在對情緒做指示、下命令，而在尊重、鼓舞它們對人生做更眞誠、美好的表達。

1 惡、欲、喜、怒、哀、樂六者，累德也。——〈庚桑楚〉

2 是非吾所謂情也。吾所謂無情者，言人之不以好惡內傷其身，常因自然而不益生也。——〈德充符〉

3 人大喜邪，毗於陽。大怒邪，毗於陰。陰陽並毗，四時不至，寒暑之和不成，其反傷人之形乎！——〈在宥〉

自事其心——做情緒的主人而非奴隸

我們每個人都是自己情緒的製造商，但也是品管員。如何管控自己的情緒，讓它們在出場時盡善盡美，自己都覺得滿意，是每個人應該努力的目標。莊子提供給我們的是「無情管理」模式——不要有一般人的情緒反應，它的第一個方針是不要讓你的情緒傷害到你的身心。

但要怎麼做呢？莊子告訴我們：

從事內心修養的人，悲哀和歡樂的情緒都不會使他受到影響。知道世事艱難，無可奈何卻又能安於處境、順應自然，這就是道德修養的最高境界。1

這段話可以從兩方面來理解：第一，所謂「內心修養」，除了雍容、恬靜等品性的陶冶外，更重要的是不要受到刺激就隨之起舞，而應該先以自己的認知系統去做評估、調節，然後再決定做什麼反應，也就是說要做自己情緒的主人，而不要淪爲它們的奴隸。有一則關於佛陀的故事說：

某日，佛陀行經一個村莊，村民對他說話很不客氣，甚至口出穢言。佛陀安詳地聽完後，向他們道謝，但因他必須趕赴別處，所以請村民等明天他回來時再詳談。一位村民不解地問佛陀：「難道你沒有聽見我們說的話嗎？我們把你說得一無是處，罵得狗血淋頭，而你卻沒有任何反應！」佛陀說：「如果你要的是我的反應，那你應該十年前就來，那時的我就會有所反應。但這十年來，我已經學會不再被別人所控制，我已經不再是個奴隸，我是自己的主人。我是根據自己在做事，而不是跟隨別人在反應。」

我們的情緒反應通常是針對別人而起，如果你因別人的沒教養而生氣，那你就受到他的擺布，成了他的奴隸。要做自己情緒的主人就是不管別人怎麼對待你，都是他家的事，跟你無關，你不會隨他起舞，而只根據自己的原則來反應。

其次，對於一些無可奈何的事，譬如死亡，我們則要學會接納它，就像在〈大宗師〉裡的子輿，在臨死時心中一片安祥，泰然說：

人的得生，乃是適時；死去，則是順應。能夠安心適時而順應變化的人，哀樂的情緒就不會侵入到心中，這就是古來所說的解除束縛。那些不能自求解脫的人，是被外物束縛住了。2

不只死亡，人生還有很多不幸也都是不可避免、無可奈何的。心理大師榮格說：「除非接納它，否則不能改變任何事；責怪不是解脫，而是壓抑。」譬如你生了一個殘障的兒子，你要責怪誰？你愈責怪就愈憤恨不平，但卻無補於事；只有接納它，才能帶給你心靈的平靜與安寧，然後在理性思考中看出新的可能性，改變你的想法、改變你和兒子的關係、甚至改變你兒子的未來。

總之，不管外在的人與事給我們什麼刺激，要怎麼反應都操之在我。就像瑞典諺語所說：「你無法阻止悲傷之鳥飛越頭頂，但你可以阻止牠在你的髮間築巢。」當有人對你做出讓人生氣、憤恨的舉動時，提醒自己「生氣，是拿別人的錯誤來懲罰自己」、「怨恨是自己喝下毒藥，卻等著別人去死」。而在遇到無可奈何的苦難時，只要心平氣和地接納它，它就不再是困擾你的問題，而你也就超越了它。

1 自事其心者，哀樂不易施乎前，知其不可奈何而安之若命，德之至也。——〈人間世〉

2 且夫得者時也，失者順也，安時而處順，哀樂不能入也。此古之所謂縣解也，而不能自解者，物有結之。——〈大宗師〉

眞情流露——去除虛矯的情緒包裝

在文明化的過程中，我們表現出來的情緒多半都已經過教養的包裝和文化的加工，但這些加工和包裝經常淪爲「矯情」，而使我們的情緒失眞。莊子反對任何虛矯的東西，所以他對情緒「無情管理」的第二個方針就是讓情緒自然流露，而不要有任何的人爲添加：

所謂真，就是精誠的極致。不精不誠，就不能感動人。所以，勉強啼哭的人雖然外表悲痛其實並不哀傷，勉強發怒的人雖然外表嚴厲卻沒有威勢，勉強親熱的人雖然笑容滿面其實並不和善。真正的悲痛沒有哭聲而哀傷，真正的憤怒沒有發作而威嚴，真正的親愛沒有笑容而和善。自然的真性存於內心，使神情表露在外，這就是真情本性的可貴。1

這其實也就是「誠於中，形於外」，但在人情義理的傳統要求下，我們卻往往身不由己。在〈養生主〉裡提到老聃死後，他的好友秦失前往弔喪，「哭了三聲」便出來。老聃的弟子責問他這樣是否「不夠」，秦失回答說：

剛才我進去弔唁時，看見有老年人哭他，如同哭自己孩子的死；有年輕人哭他，像是在哭自己母親的死。他們聚在這裡哭得這樣悲傷，一定是有人說了本不想說的話，流了本來不必流的淚。這是逃避自然、違背真情的。他們都忘了人是稟承自然、受命於天的道理，古人將這種做法稱為背離自然的過失。2

當親朋好友死亡時，哀傷哭泣乃人之常情，但有些人爲了表示比別人「更哀傷」，就哭得愈大聲、愈久。我沒有辦法哭得像你那樣大聲、那樣久，我就去撞牆、跳河，但其中有很多都是迫於傳統習俗的壓力或表演給外人看的，這也正是莊子所說的「雖然外表悲痛其實並不哀傷」。悲傷如此，歡愛也是如此。男女相悅，含情脈脈注視對方，原也是人之常情，但有人認爲這樣還「不夠」，而去摘一朵玫瑰花送給對方表達愛意。但你這算什麼？你摘一朵，我就送她一百朵。在社會鼓勵及大家競相造作之下，其矯僞更到了乖戾的地步，像〈外物〉篇就提到演門有個死了雙親的人，因擅於哀傷毀容而被封爲官師，結果他鄉里的人效法他哀毀而死的竟超過半數。

有人過度誇大自己的情緒反應，另有人卻壓抑自己應有的情緒，譬如「英雄無淚」、「男兒有淚不輕彈」、「打落牙齒和血吞」等諺語都在表示「英雄」或「強者」是「堅忍」的、不會隨便流露感情的。但失去了眼淚，就失去了人性，無淚的英雄往往充滿了戾氣。心理學告訴我們，長期的壓抑會讓人經由其他管道來宣洩哀傷的淚水。結果，有的變成消化道在流淚，因潰瘍而出血；有的變成心胸在流淚，爲哮喘或狹心症所苦；有的變成皮膚在流淚，出現蕁痲疹。這些身體症狀其實都是心靈在流淚、滴血的象徵。

讓情緒自然流露，不只在表示我們的眞誠，同時更有洗滌與淨化心靈的作用。我們的情緒其實非常複雜，對一件事情的感受經常是五味雜陳的，從這個角度來看，莊子在妻子死後，哀傷一陣後，就鼓盆而歌，不僅不是「無情」，反而是在自然流露他「豐富」的情感，也是値得我們學習的。只有去除人爲的加工和包裝、世俗的顧慮，自己才沒有負擔，也才能感動人。

1 真者，精誠之至也。不精不誠，不能動人。故強哭者雖悲不哀，強怒者雖嚴不威，強親者雖笑不和。真悲無聲而哀，真怒未發而威，真親未笑而和。真在內者，神動於外，是所以貴真也。——〈漁父〉

2 向吾入而弔焉，有老者哭之，如哭其子；少者哭之，如哭其母。彼其所以會之，必有不蘄言而言，不蘄哭而哭者。是遁天倍情，忘其所受，古者謂之遁天之刑。——〈養生主〉

至樂無樂——快樂就是「不追求快樂」——

在所有的情緒中，最受歡迎的也許是「快樂」了。記得以前聽收音機，有個節目主持人以「快樂是什麼？」詢問每位來賓，來賓的答案眞是琳瑯滿目，從唱片賣出五十萬張、和心愛的人天天在一起、環遊世界、幫媽媽做家事到勇奪冠軍、中樂透頭獎、家人健康平安、吃北京烤鴨等等不一而足，可說一百個人就有一百個答案。雖然都只是「說得出口」的答案，但已充分說明能讓人快樂的事，多得不勝枚舉。你有你的快樂，我有我的快樂，大家各樂其樂，原也是人間美事。

不過如果仔細推敲，卻也不難發現，讓多數人感到快樂的事不外名、利、愛、官能享受、健康五大類。如果你問莊子「快樂是什麼？」那莊子可能做如下的回答：

> 我看世俗所歡樂的，大家一窩蜂地追逐，拚死拚活好像不達目的決不甘休，人人都說這就是快樂，但我不知道這算是快樂，還是不快樂。果真有快樂還是沒有呢？我以為清靜無為才是真正的快樂，但這又是世俗人最感苦惱的。所以說：「最大的快樂就是沒有快樂。」1

乍聽之下，莊子似乎有意要和大家唱反調。但他所說的「清靜無爲」其實是「不去追求快樂」的意思，而所謂最大的快樂就是「沒有快樂」，應該是「沒有快樂的事」。這其實是在反映莊子的快樂哲學——快樂並不是「身外之物」，不是存在於外面的人、事、物或地方上的某種東西，而是內心的一種感覺。如果你有一顆快樂的心，那麼即使是尋常事物，也會讓你覺得快樂無比；如果你的內心陰沉，那麼即使是讓多數人樂翻天的事，對你來說也將味同嚼蠟。所以，對「快樂是什麼？」這個問題，答案若是「身外之物」，在莊子眼中，都是搞錯了方向。

古時所謂的快意自適，不是指榮華富貴，而是出自本然的快意，沒有必要再添加什麼。現在所謂的快意自適，則是指榮華富貴。榮華富貴在身，並非出自本然，猶如外物偶然來到，只是臨時寄託的東西。寄託的東西，來時不能阻擋，去時無法挽留。……如果寄託之物離去便不快樂，即使有過快樂，何嘗不是迷亂了真性呢！2

快樂不是在我們前方，刻意去追逐的目標，也不是存在於某個地方、某件事、某個人裡面的東西，而是我們到某些地方，遇到某些人，做了某些事後，尾隨而來的副產品。眞正的快樂來自內心、出自本然。事物本身並無所謂「快樂不快樂」，環遊世界、勇奪冠軍或吃北京烤鴨等外物，它們的作用有點像「觸媒」或「酵母」，都只是在「錦上添花」，讓我們內心的快樂有更鮮明的感受而已。所以，與其到身外去追求快樂，不如好好開發、培養我們內心對快樂的感受。

1 吾觀夫俗之所樂，舉群趣者，誙誙然如將不得已，而皆曰樂者，吾未之樂也，亦未之不樂也。果有樂無有哉？吾以無為誠樂矣，又俗之所大苦也。故曰：「至樂無樂。」——〈至樂〉

2 古之所謂得志者，非軒冕之謂也，謂其無以益其樂而已矣。今之所謂得志者，軒冕之謂也。軒冕在身，非性命也，物之儻來，寄者也。寄之，其來不可圉，其去不可止。……今寄去則不樂，由是觀之，雖樂，未嘗不荒也。——〈繕性〉

移情作用——培養與保有快樂的心境

爲什麼有些人看起來整天都高高興興的，有些人卻老是悶悶不樂？也許是他們有不同的人生遭遇，但更主要的原因是他們有不同的心境。知名的美國影星莎朗・史東說：「眞正的快樂來自內心，沒有人能給你快樂。」你不只能給自己快樂，而且能給別人快樂，爲周邊的事物染上快樂的色彩。莊子與惠施曾發生有名的「濠梁之辯」：

莊子和惠施在濠水的一座橋上漫步。莊子看著水裡的鯈魚，說：「鯈魚在水裡悠然自得，這是魚的快樂啊！」惠施說：「你不是魚，怎麼知道魚的快樂呢？」莊子回答：「你不是我，怎知道我不知道魚的快樂呢？」惠施反駁說：「我不是你，所以不知道你；但你也不是魚，因此你也無法知道魚是不是快樂。」莊子說：「請回到我們開頭的話題。你問『你怎麼知道魚的快樂』云云，這就表示你已經肯定了我知道魚的快樂了。我是在濠橋上知道的。」[1]

在這個家喻戶曉的故事裡，很多人都把焦點放在莊子和惠施辯論背後的思想上頭，譬如感性對理性、先驗對經驗、右腦對左腦等等，然後大談兩者的優劣勝負。其實，簡單點看，這只是一個在談「快樂」的故事，它想告訴我們的是：有一顆快樂的心的莊子看到自在悠游的魚兒，覺得魚跟他一樣是快樂的，但陷溺在思辯邏輯裡，一心想在辯論裡壓倒莊子的惠施迷失了自性，而無法感受這種單純的快樂。

有人將莊子的能感受到魚的快樂稱為「移情作用」，在所有的情緒中，快樂是最能產生「移情作用」、也最具有正面效果的情緒。內心快樂的人，看什麼東西都是快樂的，各種情境也都可以成為他的快樂泉源。

在一九八一年美國職棒大聯盟的例行賽期間，由拉蘇達領軍的洛杉磯道奇隊慘敗於休士頓太空人隊之手，隔天，拉蘇達去上知名脫口秀主持人賴利．金的電視節目，看他的表現和熱情，根本感覺不到他是個敗戰總教練。賴利．金忍不住問他：「你怎麼能夠這樣開心？」拉蘇達回答說：「要說我這輩子最開心的日子，當然是我領軍的球隊贏球的那一天；至於第二開心的日子，便是我的球隊輸球的日子。」因為對拉蘇達來說，人生只有兩種日子：「有些日子我快樂，其他日子我特別快樂。」這位拉蘇達可以說是莊子快樂哲學的奉行者，只要你有一顆快樂的心，那麼你不僅較不會受環境影響，而且還能「以心轉境」，將各種失意、打擊轉化成「另一種快樂」。正是所謂：

古時候得道的人，窮困時也快樂，通達時也快樂。所歡樂的不是窮困和通達，只要心中存在大道，那麼困窮通達就好像寒暑風雨的循序變化。所以許由能自娛於穎陽水邊，共伯可自得於丘首山上。2

就像寒暑風雨只是自然的不同面貌，人生的貴賤窮達、塵世的起伏轉折，也只是心中快樂的不同面貌。心情快樂，則事事合意，人生也就跟著得意。還有什麼比這更讓人滿意的呢？

而它卻存乎一心，不假外求。

1 莊子與惠子游於濠梁之上。莊子曰：「儵魚出游從容，是魚之樂也。」惠子曰：「子非魚，安知魚之樂？」莊子曰：「子非我，安知我不知魚之樂？」惠子曰：「我非子，固不知子矣；子固非魚也，子之不知魚之樂全矣！」莊子曰：「請循其本。子曰『汝安知魚樂』云者，既已知吾知之而問我。我知之濠上也。」——〈秋水〉

2 古之得道者，窮亦樂，通亦樂。所樂非窮通也，道德於此，則窮通為寒暑風雨之序矣。故許由娛于潁陽，而共伯得乎丘首。——〈讓王〉

缺而不陷——德有所長，形有所忘

嚴格說來，天下沒有十全十美的人，每個人多少都有一些缺陷，只是嚴重程度不一。因爲缺陷而不如人，就容易產生悲傷、憤怒、嫌惡等負面情緒。但認眞來說，缺和陷也有所不同，缺是指形體的殘缺，是客觀、物理性的；而陷則是指心靈陷落在負面情緒裡，是主觀、心理性的。有些人雖然缺，但並不會陷，不會陷落在消沉與悲哀中。〈德充符〉篇裡就有好幾個這樣的人，譬如魯國有個斷腳的王駘，跟他求學的弟子與孔子相等，學生們個個空虛而來，但都滿載而歸，他爲什麼能有此能耐呢？因爲：

> 死生是一件大事，卻不能影響他。就是天覆地墜，他也不會隨著遺落毀滅。他處於無所待的境界而不受外物變遷左右，主宰事物的變化並執守事物的樞紐。1

王駘是自己心靈的主宰，不受外在形象與外物變遷的影響，對他來說，斷一隻腳就好像大地失去一塊泥土，根本不算什麼。這種「缺而不陷」使他雍容自在，無異常人，大家自然也不會特別去注意他的斷腳。而〈大宗師〉篇裡的子輿則更進一步，當他因重病而身體扭曲變形後，他的朋友子祀來探望他，問他會對自己的模樣感到嫌惡嗎？子輿回答：

不！我為什麼要嫌惡呢？如果老天爺要把我的左臂變成公雞的模樣，我就用祂來報曉；如果要把我的右臂變成彈的模樣，我就用它去打斑鳩烤了吃。2

雖然是誇大的文學筆墨，但卻生動地告訴我們，讓他人不忍卒睹的畸形變異，在子輿的眼中卻都成了具有「特殊用途」的寶貝。只要你接納你的殘障或缺失，不再抱怨或想加以「矯正」，而是善加利用它們，那麼「缺失」可能反而變成另一種「優勢」。因《五體不滿足》一書而聞名全球的乙武洋匡，剛出生時就沒手沒腳，但母親第一次看到他，脫口而出的卻是「好可愛啊！」她完全接納這樣的孩子，而乙武洋匡在母親的影響下，也完全接納自己，一點也不覺得自己是個殘障者。他跟正常人一樣讀普通學校，還特別喜歡運動，在中學的籃球隊裡，更靠著自創的「超低空運球」，讓正常人難以防守而立下戰功。從小學開始，他在自我介紹時，就把「沒有手腳」當做他的「特長」，而非「缺點」。

史蒂芬・霍金被公認爲愛因斯坦之後最偉大的物理學家，不管是專家或一般人在閱讀他的著作或聽他演講時，都會被他有關宇宙起源、黑洞、時間、十一維宇宙、超弦等深奧神奇的理論所吸引，幾乎忘了他是一個重度殘障者——全身肌肉萎縮、扭曲、癱瘓，需以輪椅代步，後來更只能靠眼皮的眨動指揮感測器和電腦，再利用語音合成器與外界溝通。他就像其著作《果殼裡的宇宙》裡所引用的一句話：「即便把我關在果殼裡，我仍然自以為是無限空間之王！」這正是莊子所說：

> 只要有過人的德行表現，形體上的殘缺就會被人遺忘。人們若不遺忘應該遺忘的（形體），卻遺忘不應該遺忘的（德行表現），這才是真正的遺忘。[3]

只要你在德性或其他方面有過人的表現，那別人自然不在意你形體上的殘缺，甚至還會對你另眼看待。而你自然也會將自己的殘缺和伴隨它們的負面情緒全都拋諸腦後，這才是在這方面最好的「情緒管理」，也是真正的「缺而不陷，殘而不障」。

1 死生亦大矣，而不得與之變，雖天地覆墜，亦將不與之遺。審乎無假，而不與物遷，命物之化，而守其宗也。——〈德充符〉

2 亡，予何惡！浸假而化予之左臂以為雞，予因以求時夜；浸假而化予之右臂以為彈，予因以求鴞炙。——〈大宗師〉

3 故德有所長，而形有所忘，人不忘其所忘，而忘其所不忘，此謂誠忘。——〈德充符〉

不再逃避——面對與消除生命中的恐懼

每個人都會有些讓自己感到害怕、恐懼的事情，譬如有的人怕蛇、怕水，有的人怕去醫院、怕當衆演講。一想起這些讓人畏懼的事，就感到焦慮不安，於是逃避成了最常見的策略，但逃得了一時，卻躲不了一輩子，自己的人生可能會因此而受到很大的限制。莊子雖然不是心理學家，但對一個人要如何處理焦慮、恐懼這些負面情緒，倒也提出了一些相當有見地的看法和做法。首先，他說了一個發人深省的寓言：

有一個人害怕自己的影子，嫌惡自己的腳印，想要避離而逃跑開去，跑得愈多腳印就愈多，跑得愈快卻影不離身，自以為跑慢了，於是更快跑不停，結果精疲力竭而死。他不知道到陰暗的地方影子就自然消失，靜止下來自然也沒有腳印，這真是愚昧啊！1

對於自己畏懼的事情，逃避是愚昧的，因爲你愈逃避，只會讓你在下次遇到時變得更加害怕。明智的做法是「安靜」下來，好好想一想：自己爲什麼對那些東西感到害怕？它們可能存在著某種危險性，但爲什麼別人不怕，自己卻怕得要命？自己的過度畏懼是否只是非理性的心理作祟？

酒醉的人從車上摔下，雖然受傷卻不會摔死。他的骨節跟旁人一樣，而傷害卻跟別人不同，這是因為他的神思凝聚，坐車也沒感覺，墜地也不知道，死、生、驚、懼全都進不了他的心中，所以遭遇外物傷害卻全沒有懼怕之感。2

從車上摔下當然有其危險性，但酒醉的人所受傷害的程度爲什麼往往比清醒的人來得少呢？這是因爲酒醉的人神志不清，對自己摔出車外渾然無覺，不曉得要害怕，沒有畏懼的心理，「順其自然」地跌落地面，所以傷害反而較輕。這意思是說，擔心害怕不僅無濟於事，而且還會壞事，因爲你愈害怕愈緊張，就會把事情弄得愈糟。

消除恐懼的最佳策略是面對它，然後克服它。但光說不練是沒有用的，因爲讓你害怕的事情可能眞的具有某些危險性，如果能讓它不再危險，那自然就能減輕並進而消除你的恐懼感。譬如很多人怕水、怕坐船、怕划船，因爲怕掉到水裡會被淹死。莊子說：

會游泳的人很快就能學會駕船，這是因為他們習於水性而處之自然。至於善於潛水的人雖不曾見過船也能駕駛船，因為深淵在他們眼裡就像陸地上的小丘，看待船的翻覆如同車子的倒退。船的翻覆與車的倒退等各種景象呈現在他們眼前，也不會擾亂他們的內心，他們到哪裡都能從容自得！3

如果你會游泳又會潛水，那在水中就能如履平地，自然就不會再害怕水、坐船和划船了。所以，學習各種必要的技能，事先做好充分的準備，將危險與威脅降至最低，不只是克服個別恐懼的最佳對策，也是我們勇敢面對、開拓自己人生的務實做法。

1 人有畏影惡跡而去之走者，舉足愈數而跡愈多，走愈疾而影不離身，自以為尚遲，疾走不休，絕力而死。不知處陰以休影，處靜以息跡，愚亦甚矣！——〈漁父〉

2 夫醉者之墜車，雖疾不死。骨節與人同，而犯害與人異，其神全也。乘亦不知也，墜亦不知也，死生驚懼不入乎其胷中，是故遻物而不慴。——〈達生〉

3 善游者數能，忘水也。若乃夫沒人之未嘗見舟而便操之也，彼視淵若陵，視舟之覆猶其車卻也。覆卻萬方陳乎前而不得入其舍，惡往而不暇！——〈達生〉

親情無限——自然而平凡，相愛又相忘

在人類的所有情感中，最原始而又最深邃的是親情。很多專家都指出，親情是我們在日後發展友情、愛情、同胞愛等人際情感關係的基礎。親情是雙向的，我們一方面感受父母對我們的愛，一方面也表達我們對他們的愛。本文先談子女對父母的愛，在〈人間世〉裡，莊子借孔子之口說：

子女愛父母，這是人的天性，是人心無法解除的；……所以子女侍奉父母，無論什麼境遇都要使他們安適，這是行孝的極致了。1

不只父母愛子女是天性，子女愛父母同樣是天性。儒家很重視這種子女對父母的愛，更把它具體化成「孝道」，而行孝的極致就是讓父母隨時隨地都能快快樂樂。但要讓父母快樂，並不是一味地去討父母歡心，莊子強調：

孝子不會奉承他的父母，……。凡是父母所說的便都加以肯定，父母所做的便都加以稱讚，那就是世俗所說的不肖之子。2

親情既然是天性，那就不需要靠諂媚與巴結來維繫。關懷與了解才是眞正而自然的愛，父母希望的是你的關懷與了解，而不是諂媚與巴結。當然，對父母的肯定與讚美並非都是奉承，就像有人說「天下無不是的父母」，把父母視爲很神聖、很高貴、很完美，表面上似乎是在表示我們對他們無上的愛與尊敬，但其實是在苛求、虐待他們。因爲連上帝都會犯錯，父母跟你我一樣只是普通的凡人，怎麼可能什麼都對、什麼都好呢？我們怎麼忍心以那麼高的標準去要求他們呢？所以，對父母的肯定與讚美要適可而止。愛他們，就要讓他們活得輕鬆，不要用完美來爲難他們。莊子認爲我們對父母的愛是有難易之分、層次之別的：

用恭敬來行孝容易，以愛心來行孝較難；用愛心來行孝容易，在行孝時忘記雙親較難；行孝時忘記雙親容易，讓雙親忘記我較難；行孝時讓雙親忘記我容易，讓我同時忘記天下人較難；我同時忘記天下人容易，讓天下人同時忘記我較難。3

很多人對父母的愛比較像恭敬，也就是依傳統禮俗或自己良知的要求，盡到孝順父母或照顧他們的義務，它比較像一種「責任」，當然，多少也是一種心甘情願的責任。但較高層次則是完全出於天性的愛，因爲我愛他們，所以自然而然地想陪伴他們、關心他們、照顧他們。愛不僅能讓一切看似煩勞的工作變得輕鬆容易，不再是負擔，而且自覺愉快，讓父母看了也高興。而更高的層次是在陪父母做這做那時，忘記他們是我的「父母」，反而像是認識多年，相知相惜相悅的「朋友」一般。接下來，讓父母也忘記我是他們的「孩子」，把我看成也是他們認識多年，相知相惜相悅的「朋友」。最高的層次則是當我們沐浴在這種美好的親子關係中時，忘了世人對我可能的觀感、忘了我是不是在盡孝、也忘了什麼叫做「孝順」。

莊子的這些看法，讓人想起寫過《天地一沙鷗》的美國小說家李察・巴哈所說的：「聯繫家庭的眞正力量不是血緣，而是對彼此生活的尊重與喜悅。」這也正是現代人所需要的親情。

1 子之愛親，命也，不可解於心；……是以夫事其親者，不擇地而安之，孝之至也。——〈人間世〉

2 孝子不諛其親，……親之所言而然，所行而善，則世俗謂之不肖子。——〈天地〉

3 以敬孝易，以愛孝難；以愛孝易，以忘親難；忘親易，使親忘我難；使親忘我易，兼忘天下難；兼忘天下易，使天下兼忘我難。——〈天運〉

愛之以道——要適性，但不可隨性

除了父母外，每個人也都還有一些摯愛的人，譬如情人、配偶、子女等，他們經常被當做寶貝，「愛他就要給他最好的」，我們處處爲他們著想，希望他能因此而快樂幸福，但結果往往不如預期，甚至還事與願違。莊子在〈至樂〉篇說了一個故事：有一隻海鳥飛落在魯國都城郊外，魯國國君視爲珍寶，把海鳥接到太廟裡，送酒給牠喝，奏九韶的音樂取悅牠，還宰牛羊給牠當食物。但海鳥卻目眩心悲，不吃不喝，三天就死了。爲什麼會這樣呢？

這是按自己的習性來養鳥，不是按鳥的習性來養鳥。按鳥的習性來養鳥，就應該讓鳥在深林裡棲息，在沙洲上漫遊，在江河湖澤中漂浮、啄食泥鰍和小魚，隨著鳥群佇列而止息，自由自在地生活。鳥最討厭聽到人的聲音，為什麼還要那麼喧鬧吵雜呢？[1]

當我們愛一個人時，所謂「處處爲他著想，什麼都給他最好的」，其實多半是「照自己的意思」去設想，給他的是「自己認爲最好的」，而非對方眞正想要的。結果就像魯國國君對待他所珍愛的海鳥一般，愛之適足以害之，你不是在「愛」他，而是把他當做你理想的投影，想把他塑造成你希望的模樣。如果真正愛他，就要尊重他，尊重他就是讓他隨著他的稟性、志趣去發展，特別是對自己的孩子，要讓他自己決定他想走的路：

棟梁可以衝撞城門，卻不可以用來堵塞小洞，這是因為器用的不同。騏驥驊騮這樣的好馬，一天能奔馳千里，但是要捉老鼠卻不如野貓與黃鼠狼，這是因為技能不同。貓頭鷹在夜裡能抓跳蚤、看清毫毛，但是大白天張大眼睛卻看不到山丘，這是因為本性的不同。2

莊子很早就注意到，每個人的本性、技能和器用不同，如果能彼此符合，那就如魚得水、如虎添翼，但如果是牛頭馬嘴，那不僅事倍功半，還可能釀成悲劇。當然，現代的父母比起從前已較能尊重孩子，特別是讓孩子在舒適的環境中隨性快樂地成長，但什麼是「隨性」？要尊重、隨性、愛護到什麼程度？莊子又說了另外一個故事：

有愛馬的人，用精緻的竹筐去接馬糞，用珍貴的蛤殼去接馬尿。剛巧有一隻蚊虻叮在馬身上，愛馬之人出其不意去撲打蚊虻，沒想到馬兒受驚竟咬斷勒口，掙斷轡頭，弄壞胸絡。本意出於愛，結果卻適得其反，能不謹慎嗎？3

身爲一匹馬，忍受蚊虻叮咬是再自然不過的事；做爲一個人，在成長的過程中吃點苦、遭遇些挫折、讀點書、學些謀生本事、待人和氣些，原也是本分，但如果父母不忍讓他「受苦」而過度溺愛、保護、縱容孩子，什麼都替他設想周到，隨他高興怎樣就怎樣，這不是「隨性」，更不是「適性」，而是「隨其所欲」，是在扭曲孩子的人格成長，同樣會帶來不幸的後果。根據調查，從小就被父母溺愛的孩子，長大後較缺乏同理心，對挫折的耐受力很低，稍不順心就會動怒抓狂，對父母不僅不知感恩，而且還經常回過頭來反咬父母一口。

雖然不知道莊子夫妻的感情如何，也不知道他們是否有子女，但他這一套從順應「自然之道」出發的愛的觀念與做法，在二十一世紀的今天，依然擲地有聲，而且發人深省。

1 此以己養養鳥也，非以鳥養養鳥也。夫以鳥養養鳥者，宜栖之深林，游之壇陸，浮之江湖，食之鰌鰷，隨行列而止，委蛇而處。彼唯人言之惡聞，奚以夫譊譊為乎！——〈至樂〉

2 梁麗可以衝城，而不可以窒穴，言殊器也；騏驥驊騮，一日而馳千里，捕鼠不如狸狌，言殊技也；鴟鵂夜撮蚤，察毫末，晝出瞋目而不見丘山，言殊性也。——〈秋水〉

3 夫愛馬者、以筐盛矢，以蜃盛溺。適有蚉虻僕緣，而拊之不時，則缺銜、毀首、碎胸。意有所至，而愛有所亡，可不慎邪！——〈人間世〉

一個人可以「心高」，但卻不宜「氣傲」，為人處世要像「庖丁解牛」，不可硬碰硬，而要走阻力最小的「自然之道」。與人交往，要敞開胸懷，懂得尊重與欣賞別人和自己的不同之處；同時，不能被各種虛擬人格、精神假象、道德偽裝所迷惑、矇騙。對他人的批評與規勸也要「乘物遊心」，適可而止。

君子之交——樂於溝通，保持眞性

亞里斯多德曾說，只有神和野獸不必過社會生活。如果你認爲自己不是神，又不是野獸，那麼如何走進社會和其他人一起生活、共履紅塵，不僅天經地義，而且還是値得期待、需要認眞學習的事。莊子雖然給人高超脫俗的印象，但他一點也不排斥社會生活，他當過小公務員（漆園吏），有幾個知心朋友，還帶學生去郊遊，夜宿友人家，接受款待……。雖然社交生活不是很活躍，但卻是敞開胸懷，面向他人與社會的：

> 聖人對外物，與之和諧歡娛共處；對別人，樂於溝通而又能保持自己的真性。[1]

只要能保持自己的眞性，那麼即使是聖人也樂於與人溝通。但要如何保持眞性呢？莊子提供了我們一些基本原則：首先，與人交往，貴在自然，不要有太多的附加目的。因爲一有了目的，就會產生算計，一有了算計，就會出現許多人爲的虛矯。

與人交往，態度要自然因順，情感要率真。自然因順，關係才能牢固；率真，就能輕鬆不勞累。關係牢固了，心情輕鬆了，就不必繁文縟節來裝模作樣，也無所求於外物。2

在〈徐無鬼〉篇裡，女商引薦徐無鬼去見魏武侯，交談之後魏武侯大樂，女商好奇地問徐無鬼究竟用什麼方法能讓他們的國君開懷大笑，因為他以前和魏武侯談詩書禮樂、太公兵法等健康實用的話題，魏武侯從沒有開口笑過。徐無鬼說：「我只是和他談怎麼相狗相馬罷了！」因此引來「很久了，沒有人用純真的言語在我君王的面前談笑了啊！」的感言。的確，與人社交不宜太過嚴肅，我們說「聊天」，這個「天」就是「自然」，大家聊些輕鬆自然的話題，然後開懷大笑，就是聯絡與增進感情最自然的方式。

「君子之交淡若水，小人之交甘若醴。」這句大家耳熟能詳的話也是出自《莊子》，白水雖然清淡，但卻讓人百喝不厭；甜酒甘美，卻容易讓人生膩。太親密的關係通常也不會持久，因為太親密通常是有目的性的，當那個目的消失後，關係也就疏遠而終至消失。

以利益相結合的，遇上困厄、災禍、憂患時就會互相拋棄；以天性相連的，遇上困厄、災禍、憂患時就會互相收容。3

其次，在他人面前，不可自矜自誇，否則只會惹人討厭。在〈山木〉篇有個故事說：陽朱到宋國去，所住旅店的主人有兩個妻妾，一個漂亮，一個醜陋，但醜陋的卻受到寵愛，漂亮的反而受到冷淡。陽朱覺得奇怪，旅店的童子說：「那個漂亮的自以爲漂亮，但大家卻不覺得她漂亮；而那個醜陋的自以爲醜陋，但大家卻不覺得她醜陋。」陽朱因此對門人說：

行為良善而能去除自我炫耀的心念，到哪裡會不受人喜愛呢？4

第三，對人不要有成見，要懂得尊重與欣賞別人和自己不同的地方。我們在〈莫若以明：不再當摸象的瞎子〉一文裡已提過，雖然大家對很多問題都各有見解也各有立場，並因此而針鋒相對、劍拔弩張，但其實「每個人都有好的一面，但也有壞的一面；每個觀點都有對的一面，但也有錯的一面」。拋棄成見、不再固執己見，不僅可以讓你交到更多朋友，而且還能開拓你的眼界。

1 （聖人）其於物也，與之為娛矣；其於人也，樂物之通而保己焉。——〈則陽〉

2 形莫若緣，情莫若率。緣則不離，率則不勞；不離不勞，則不求文以待形；不求文以待形，固不待物。——〈山木〉

3 夫以利合者，迫窮禍患害相棄也。以天屬者，迫窮禍患害相收也。——〈山木〉

4 行賢而去自賢之行，安往而不愛哉？——〈山木〉

遊刃有餘——爲人處世不要硬碰硬

世道多艱，人生路上總是會有一些荊棘、各種問題、三教九流在途中等著我們，如何披荊斬棘、解決問題、與人爲善，涉及到一個人的處世之道。處世之道有境界之分，對此，莊子用廚師殺牛爲我們提供了一個很精妙的比喻，在〈養生主〉裡，替惠文君殺牛的庖丁（廚師）技藝超群，他說：

優秀的廚師一年換一把刀，他們是用刀去割筋肉；普通的廚師一個月換一把刀，他們是用刀去砍骨頭。現在我這把刀已經用了十九年了，所宰殺的牛也有幾千頭了，可是刀口仍像在磨刀石上新磨的一樣鋒利。因為牛的骨節是有空隙的，而刀刃幾乎沒有什麼厚度，以沒有厚度的刀刃切入有空隙的骨節，當然就遊刃恢恢而寬綽有餘了。所以這把刀用了十九年還是像新磨的一樣。[1]

我們每個人手上都有一把刀，供我們在漫漫人生路上披荊斬棘。如果把人生比喻成一頭大牛，那你就是拿刀去肢解這隻大牛的廚師；或者說你在人生道上所遇到的每個問題都像一頭牛，而要解決它們就好像廚師殺牛一般。廚師有三種，普通廚師拿刀硬碰硬，優秀廚師從柔軟的部位下手，而超級廚師則遊走於間隙，如入無人之境。三種廚師的作風分別代表了爲人處世的三個境界。

有些人喜歡硬碰硬。譬如德國哲學家叔本華，他在三十歲就完成了他的代表作《作爲意志和表象的世界》，出版後雖然乏人問津，但他卻自豪地說：「如果不是我配不上這個時代，那就是這個時代配不上我。」他憑著這部著作而獲得柏林大學編制外教授的資格。在開課時，他竟選擇和他所瞧不起、但聲望卻如日中天的哲學大師黑格爾同一時間授課。結果選他課的學生少得可憐，不久班上就只剩下兩三個學生，最後一個也不剩，他只好黯然地離開柏林大學，以後大部分時間都鬱鬱不得志。

叔本華在年輕氣盛時，一刀揮向黑格爾，就好像廚師拿刀去砍牛骨頭，結果刀子應聲斷裂，以後就再也無法完整地使用他那把刀。當然，莊子的庖丁解牛不只是在教人不可硬碰硬，而叔本華的對抗黑格爾，也有其特殊的悲劇意識和意義，但如果當初他的身段能柔軟一點，譬如不要和黑格爾硬碰硬，或者會和他衝堂的只是較不熱門的其他老師，甚至選擇都沒有其他老師授課的「空隙」來開課，那學生可能就會多一些，而他往後的人生可能就會不一樣，至少可以活得快樂一點。

世道多艱，但有很多荊棘和問題，其實都是自己招惹來的。一個人可以「心高」，但卻不宜「氣傲」，因為氣一傲就容易和人起衝突，特別是在羽毛未豐的時候，常會招惹來不必要、讓你難以承受的麻煩。所以，即使自視甚高，身段還是要放柔軟一點，遇到問題時，先從柔軟的部位下手，這樣才能「遊刃有餘」。

1 良庖歲更刀，割也；族庖月更刀，折也。今臣之刀十九年矣，所解數千牛矣，而刀刃若新發於硎。彼節者有閒，而刀刃者無厚，以無厚入有閒，恢恢乎其於遊刃必有餘地矣，是以十九年而刀刃若新發於硎。——〈養生主〉

庖丁解牛——走阻力最小的自然之路——

俗話說：「條條大路通羅馬。」要解決問題，完成目標，可以有很多種途徑。多數人都喜歡抄近路、甚至走直線，因爲它們的路程最短、所花的時間和心力也可能最少。但莊子告訴我們，最理想而又最輕鬆的路通常有些曲折，前文提到史上最神乎其技的庖丁向他的主人惠文君所透露的殺牛祕訣就是這種方式：

順著牛身上自然的紋理，劈開筋肉的間隙，導向骨節的空隙，順著牛體的自然結構去用刀；從不曾碰撞過經絡結聚的部位，何況那些大骨頭呢！[1]

庖丁的祕訣就在於「順應自然」，他先摸透牛體的自然結構，然後順著這個自然結構，選擇阻力最小的路徑去用刀，這樣他的動作不僅如隨著音樂而起舞般優美自如，牛也不會感到痛苦（被解體後都不知道自己已經死了），而他的刀子更在用了十九年後，仍像新的一樣銳利。惠文君聽了，讚嘆說他從中得到了養生之道。其實，不只養生要順應自然，在很多方面，它同樣是我們不能或忘的最高原則。

早年美國為了開發大西部而興建鐵路，有關部門先派出測量隊去考察可能的路線。如果遇到大山就炸山開隧道，碰到深谷就架梁搭橋，這就好像採直線前進，看似距離最短，但顯然不是明智之舉；選擇阻力較小的繞山、沿河而行才是上策，但問題是繞過這山不久又碰到那谷，穿越這河又碰到那山。後來測量隊發現，遵循美洲野牛在中西部荒野上奔跑的路線才是鋪設鐵路最好的路線，因為它的阻力最小。為什麼阻力最小？因為它是美洲野牛憑其直覺，在長期的移動遷徙中產生的「自然路線」。

順應自然不僅阻力最小，也是完成目標最和諧、最圓滿的途徑。殺牛如此，興建鐵路如此，處理人際關係也差不多。只是在人際關係中，我們要了解、要順應的不是人的身體，而是人的天性。現代企業都講究人性化管理，但什麼叫做「人性化」呢？簡言之，就是要符合員工的天性，因為這樣才能將阻力降至最小。

譬如有些公司為了不讓男女私情干擾公司整體的工作氣氛，而禁止員工之間談戀愛（當然，多半是一種不成文規定），但這對適婚年齡的單身員工來說其實相當違反人性，只會帶來更多的陽奉陰違與困擾。日本的日立公司則順應自然，不僅不禁止員工談戀愛，還主動扮演月下老人，為適婚年齡而又工作忙碌的員工搭「鵲橋」，當事者只要將個人照片、學歷、愛好、家庭背景、身高、體重等資料輸入「鵲橋」的電腦資料庫，「鵲橋」即可替你搜尋到理想的約會對象。如果雙方都同意，「鵲橋」便會替他們牽線，安排他們約會。日立公司透過這種方式而撮合的佳偶還不在少數，它除了滿足員工的自然需求，提供他們方便外，也大大增加了員工的向心力和公司的穩定性，可謂兩全其美。

天下很多事的道理都一樣，而它們也就是莊子所說的「道」——從殺牛到養生，從興建鐵路到管理員工，阻力最小、最圓滿而又輕鬆的道路就是順應自然。

1 依乎天理，批大郤，導大窾，因其固然。技經肯綮之未嘗，而況大軱乎！——〈養生主〉

雁落魚沉——揚棄對美醜的皮毛之見

在與人交往時，我們常根據對方的容貌形成所謂的「第一印象」。雖然大家一再強調「美醜只是皮毛之見」、「內在美比外在美重要」，但研究調查卻都一面倒地指出，貌美者不僅被我們認為有較好的人格特質，更在現實生活裡獲得較多的利益；而貌醜者則在各方面都產生扣分作用，甚至還被我們認為具有邪惡的本質。「以貌取人」可說是人類最常見也最嚴重的偏見之一。當然，也是莊子要我們跳脫的差別觀之一。

要怎麼跳脫呢？首先，莊子提醒我們，「美醜」其實也是「相對」的，什麼叫「美」、什麼叫做「醜」？它們有很大的主觀差異性：

毛嬙和麗姬，是人們稱道的美人，可是魚兒見了她們卻深深潛入水底，鳥兒見了她們也高高飛向天空，而麋鹿見了她們則撒開四蹄飛快地逃離。人、魚、鳥和麋鹿四者，究竟誰才懂得天下真正的美色呢？1

我們現在用「沉魚落雁」來形容美女，其實魚和雁是看了人類所謂的「美女」卻不敢領教，而「嚇」得沉到水底和從天上掉下來。即使同是人類，「美」或「醜」也有很大的文化差異性，譬如中國過去認爲女人的纏足「美得讓人癡迷」，但在西洋人眼中卻是「既變態又噁心的畸形」；中國人和西方人都認爲「唇紅齒白」、「齒若編貝」是一種美，但過去的玻里尼西亞人卻認爲這「像狗一樣醜陋」，而將嘴唇染色、牙齒塗黑；蘇門答臘的少女更將牙齒磨成鋸齒狀。即使是同時代同地區的人，對美醜的認定也有相當的個別差異性，這種差異主要來自各人閱歷所產生的好惡。莊子對此舉了個特殊而有趣的例子：

有一個跛腳、傴背、缺嘴的人去遊說衛靈公，衛靈公十分喜歡他；往後看到形體完整的人，反而覺得他們的脖子太細小了。2

如果你喜歡、欽佩一個人，那麼他的形體特徵在你心中就會成爲一種「美」；反之，若你討厭、鄙視某個人，那麼他的形體特徵也就變成了「醜」。一些愛情專家喜歡說「不是因爲她美麗，你才愛她；而是因爲你愛她，才覺得她美麗」，指的正是這個意思，而莊子在更早以前就說過：

子女愛母親，愛的不是母親的形體，而是賦予形體精神的內在特質。[3]

當然，這種內在特質通常需要一段時間的相處後才會「被看見」，所以在剛開始時，我們千萬不能被對方容貌的美醜以及自己「愛美嫌醜」的差別觀所蒙蔽，和醜人在一起時，就不自覺地表現出優越感、甚至嫌惡感。另一方面，卻又極力去討好貌美者，羨慕之情溢於言表，這樣只是在暴露我們個人的膚淺、沒有修養、缺乏智慧而已。

我們無法改變一個人的外貌，但我們可以改變自己對他們外貌的看法，也就是我們可以有一套自己的「美醜」定義和標準。既然對所愛的人、認識較深的人，我們就不會在意他們的外在形貌，那表示我們也能以這種方式對待其他人，只要我們對他們了解得夠多、認識得夠深，那麼他們「內在的美醜」相較之下就會比「外在的美醜」重要許多，我們就不再受制於膚淺的「皮毛之見」，而這正是我們可以做到，也應該努力的方向。

1 毛嬙、麗姬，人之所美也，魚見之深入，鳥見之高飛，麋鹿見之決驟。四者孰知天下之正色哉？——〈齊物論〉

2 闉跂支離無脤說衛靈公，靈公說之，而視全人，其脰肩肩。——〈德充符〉

3 所愛其母者，非愛其形也，愛使其形者也。——〈德充符〉

名實之辨——不可讓表象混淆了實質

人與事，各有名與實。名指的是外在表象，而實則是實質內涵，雖然大家都知道實比名重要，但我們看得到的通常只是名而非實，而且對名的經營又比對實的培養容易得多，所以多數人看重的反而是名，求的也是名，結果處處可見名實不符、名過於實、有名無實的現象。爲了讓世人不再受到這些亂象的迷惑，莊子除了說「名者，實之賓也」（名相只是實質的外飾），更進一步指出：

道德的敗壞在於追求名聲，心智的表露在於爭辯是非。名聲是互相傾軋的原因，心智是互相爭鬥的工具。二者都像是兇器，不可以將它們推行於世。1

爲了求名而無所不用其極，徒增社會紛擾與個人牽絆，而且導致道德淪喪，所以莊子將名聲視爲凶器。解脫之道在於徹底揚棄對名的執念。莊子筆下的老子是個得大解脫的眞人，老子對士成綺說：

過去你叫我為「牛」，我就稱作「牛」；叫我為「馬」，我就稱作「馬」。假如存在那樣的外形，人們給他相應的稱呼卻不願接受，那將會再次受到災禍。我順應外物總是自然而然，並不是因為要順應而有所順應。2

不管你叫我是「牛」或「馬」，我都不在乎。如果我眞的有你說的那種實質，那否認也沒有用；如果沒有，那又何必在意？這讓人想起莎士比亞所說的「名稱算什麼呢？我們稱之爲玫瑰的，即使換了個名稱，它聞起來依然芳香。」只要我有芳香的實質，那麼你稱我爲「牛糞」，或「先叫我牛糞，後叫我玫瑰」，跟我又有什麼關係呢？反過來說，某些人之所以迷戀名聲與名位，很可能是因爲他們本身缺乏能讓自己滿意的實質或懷疑自己的實質。只有具備實質而且對實質有清晰認識的人，才不會被別人給自己的名、還有別人的名所惑。

但更讓人迷惑的也許是另一種名實關係，對此，莊子舉了一個很有趣的例子：

臧與穀兩個家奴一塊兒去牧羊，卻都讓羊跑了。問臧在做什麼，臧說自己拿著書簡讀書，才讓羊丟了；問穀在做什麼，穀說是在玩投骰子的博戲，才讓羊丟了。這兩個人所做的事雖然不一樣，但丟失了羊卻是同樣的。3

相信大多數人都會同情臧，因爲讀書是好事，讀得太專心而讓羊跑了情有可原，所以會認爲應該對他從輕發落；賭博是壞事，穀沉迷於賭博而讓羊跑了則罪無可逭，所以應該給他嚴厲的處罰。但莊子卻提醒我們，他們丟失了羊是「同樣的事實」（實），結果一樣，所以責任也應該一樣。我們不能因爲「不同的原因」（名）而影響我們對事實的認定和判斷。也因此，爲了名而死於首陽山下的伯夷，跟爲了利死於東陵山下的盜跖，兩人所死的原因雖然不同，但在莊子眼中都同樣地「殘生傷性」，所以沒有誰比較對、比較高尚，誰比較錯、比較卑劣的問題。

也許有人認爲莊子的觀點過於「偏激」，但眞正「偏激」的卻是我們，因爲我們太注意原因、稱謂等不同的形式，甚至受它們的迷惑，而忽略、忘記了眞正的實質問題。

1 德蕩乎名，知出乎爭。名也者，相軋也；知也者，爭之器也。二者凶器，非所以盡行也。——〈人間世〉

2 昔者子呼我牛也而謂之牛，呼我馬也而謂之馬。苟有其實，人與之名而弗受，再受其殃。吾服也恒服，吾非以服有服。——〈天道〉

3 臧與穀，二人相與牧羊，而俱亡其羊。問臧奚事，則挾筴讀書；問穀奚事，則博塞以遊。二人者，事業不同，其於亡羊均也。——〈駢拇〉

化解對立——換個角度和心情看敵人

人類社會的一大麻煩是不論什麼問題，都會有正反兩面的觀點，而每個觀點又都有人贊成，有人反對。對立的觀點自然衍生出是非、對錯的爭議，特別是政治議題，爲了壯大聲勢，志同道合者物以類聚，形成不同的陣營，各擁山頭搖旗吶喊，互相指摘叫罵，台灣的藍綠對立就是一個典型的例子。我們要如何看待這種對立與爭執呢？莊子指出：

彼方是出於此方對待而來，此方也是因著彼方對待而成，彼和此是相對而生的，……有因而認為是的，就有因而認為非的，有因而認為非的，就有因而認為是的。[1]

莊子顯然認爲，觀點的二元對立性好比有陰就有陽、有東就有西，乃是人類思維的特色。每件事情本來就可以有正反兩面看法，但如果因此而黨同伐異，認爲自己擁有的才是眞理，是既正確又高貴的，而對手則是錯誤的，是既愚蠢又邪惡的，這樣的誓不兩立，反而是偏頗、可怕的。過去資本主義和共產主義的對立，就是活生生的例子。在古巴飛彈危機期間，美蘇的談判一度陷入僵局，氣氛變得沉悶而緊張。爲了緩和氣氛，一位蘇聯代表提出一個謎語：「資本主義和共產主義有什麼不同？」然後自己公布答案：「資本主義是『人剝削人』，而共產主義剛好相反。」大家一聽，忍不住哈哈大笑，氣氛隨即輕鬆起來，談判又得以恢復進行。資本主義被批評是「人剝削人」，但「人剝削人」的相反面還是「人剝削人」。這正是莊子所說的：

彼就是此，此也就是彼。彼有它的是非，此也有它的是非。果真有彼此的分別嗎？果真沒有彼此的分別嗎？彼此不相對待，才是大道的樞紐。2

共產主義和資本主義看似南轅北轍，但在某些方面其實是一樣的，既是如此，那又何必劍拔弩張，非鬥得你死我活不可？想化解對立，就要異中求同。觀點不管是左是右，都是人的大腦想出來的，與其互相指摘叫罵，不如靜下心來，不預設立場，不先存好惡，好好傾聽對方在說什麼。可惜的是多數人都只喜歡聽跟自己一樣的意見，對不同的意見不僅不想聽，而且一聽就火冒三丈，認為自己的「正確性」受到挑釁，但這種過度防衛正反映出你的偏狹、自以為是。對此，莊子給我們的建議是：

以大拇指來說明大拇指不是手指，不如以非大拇指來說明大拇指不是手指；用白馬來說明白馬不是馬，不如用非白馬來說明白馬不是馬。3

這段話是莊子藉當時名家公孫龍的「指非指，白馬非馬」來陳述他的看法，若改用現代的邏輯語言來說，就是「從A的觀點來解說A不是B，不如從B的觀點來解說A不是B」。如果你熟悉的是A觀點，所謂「當局者迷」，你自己很難看出它有什麼盲點和問題，反而是B觀點的人才能對此有較清楚的認識。譬如你的政治立場若是偏藍，那你應該多聽偏綠的政論節目，反之亦然。這樣不僅能多了解對方，而且知道自己的盲點和缺點是什麼。可惜的是，能這樣做的人似乎很少。

唐朝名臣魏徵說：「兼聽則明，偏信則黯。」多聽不同的意見，多從別人的角度來看問題和自己，特別是那些敵對者的看法，不僅可以讓我們保持清醒和精進，免於偏狹意識的肆虐，而且能讓社會更和諧。

1 彼出於是，是亦因彼。彼是，方生之說也……因是因非，因非因是。——〈齊物論〉

2 是亦彼也，彼亦是也。彼亦一是非，此亦一是非。果且有彼是乎哉？果且無彼是乎哉？彼是莫得其偶，謂之道樞。——〈齊物論〉

3 以指喻指之非指，不若以非指喻指之非指也；以馬喻馬之非馬，不若以非馬喻馬之非馬也。——〈齊物論〉

聖人與大盜——吹散仁義道德的迷霧

有人說人可分爲兩種：好人與壞人。好人是奉公守法、具有四維八德等傳統美德與價值觀的，「聖人」就是代表；而壞人則違法亂紀、不仁不義、鮮廉寡恥，「大盜」爲其代表。要想讓壞人變成好人或一般人免於淪爲壞人，就要加強道德倫理教育。但莊子卻說「聖人不死，大盜不止」，這除了表示他想打破「好人」與「壞人」僵化的差別觀外，更在反映他對儒家所倡導的仁、義、禮的基本看法：

失去了道而後才有德，失去了德而後才有仁，失去了仁而後才有義，失去了義而後才有禮。禮，是道的偽飾與禍亂的開端。1

莊子認爲遠古人類依自然之道及天性之德過著純樸無僞的生活，但在民智漸開，先天道德日漸淡薄後，聖人開始用仁、義、禮來約束人們的思想和行爲，結果卻愈弄愈糟，因爲這些人爲規範都可以作假，在大家競相說大話、比虛僞的情況下，整個社會和人心變得愈來愈虛矯造作，所以說「禮，是道的僞飾與禍亂的開端」。加強道德倫理教育反而可能淪爲作奸犯科的幫兇，至少會助長「以符合倫理道德假象」去作奸犯科的情形。

更有進者，在莊子眼中，聖人與大盜還可能是一對「黑暗中的孿生兄弟」，在〈盜跖〉篇，孔子爲了感化橫行天下的大盜盜跖而親自去拜訪他，盜跖憤怒而不屑地指責孔子：

如今你修習周文王和武王的治國之道，控制天下的輿論，一心想用你的主張來教化後世，穿著寬衣博帶的儒服，說話與行動矯揉造作，用以迷惑天下的諸侯，企圖藉此追求富貴，最大的盜賊莫過於你。天下人為什麼不叫你「盜丘」，反而稱我是「盜跖」呢？[2]

言下之意，孔子也是個「欺世盜名」的盜賊，而且比一般盜賊有過之而無不及。就好像美國心理學家利肯所指出的，英雄與惡棍（聖人與大盜）具有某些類似的人格特質。其實，什麼是「聖」，什麼是「盜」，往往是用「雙重標準」去衡量所造成的結果：

那些偷竊帶鉤的人遭到判刑殺害，而竊奪整個國家的人卻成為諸侯；諸侯之門方才存在仁義，這不就是盜竊了仁義和聖智嗎？[3]

盜跖還向他的徒黨宣揚，強盜也具備聖人所標榜的「聖、勇、義、智、仁」（是所謂「盜亦有道」，詳見〈胠篋〉篇），到底什麼叫「聖、勇、義、智、仁」？那要看詮釋權落在誰的手中。莊子還特別指出，假藉聖人所標榜的「聖、勇、義、智、仁」做壞事的人比眞正奉行它們的好人要多出許多，所以聖人的鼓吹仁義，對社會的危害遠大於好處。只要鼓吹仁義的聖人繼續存在，那麼假藉仁義做壞事的盜賊就不會消失，「絕聖棄知，大盜乃止」。

莊子對仁義道德的看法，就好像德國思想家利希騰貝格對法律的看法：「要行事公正，不需要知道太多東西，但要理直氣壯地實行不公正，則需要認眞學習法律。」雖然有點過火，但卻也不無道理。當然，我們不必完全贊同莊子的觀點，但當我們在思考道德教育跟社會人心的關係，聖人與大盜、英雄與惡棍、好人與壞人的定義及分野，特別是在被滿口仁義道德卻一肚子男盜女娼的人耍得團團轉時，莊子的這些看法還是具有「提神醒腦」的功能。

1 失道而後德，失德而後仁，失仁而後義，失義而後禮。禮者，道之華而亂之首也。——〈知北遊〉

2 今子修文、武之道，掌天下之辯，以教後世，縫衣淺帶，矯言偽行，以迷惑天下之主，而欲求富貴焉，盜莫大於子。天下何故不謂子為盜丘而乃謂我為盜跖？——〈盜跖〉

3 彼竊鉤者誅，竊國者為諸侯，諸侯之門，而仁義存焉，則是非竊仁義聖知邪？——〈胠篋〉

知人之明──看穿惑人的虛擬形象

在社會上活動，我們不僅要有自知之明，更要有知人之明。自知之明可以讓我們在塵世的舞台上找到怡然自得的位置，知人之明則可以讓我們邁步前行時趨吉避凶，減少干擾並得到助益。但「知人」並不容易，所謂「知人知面不知心」，我們所「知道」的通常只是一個人的外表而非內在，莊子對此即深感遺憾：

眼睛可以看見的，是形和色；耳朵可以聽到的，是名和聲。可悲啊，世上的人們卻以為形、色、名、聲就足以獲得事物的實情！假如形、色、名、聲果不足以獲得事物的實情，那麼知道的不說，說的並不知道，世人又怎能了解這個道理呢？1

人們在初次見面時，通常會依對方的形、色、名、聲形成「第一印象」，這種「第一印象」通常又會和某些特點相結合，而形成「刻板印象」，譬如眉清目秀讓人覺得善良可愛，伶牙利嘴讓人覺得聰明活潑等。這種看法相當粗糙，經常出錯，但卻很難改變。這種人性弱點連孔子都不能免，他說：「吾以言取人，失之宰予；以貌取人，失之子羽。」

也許因為孔子都有這種「前科」，所以在〈列禦寇〉篇裡，莊子又假借孔子之口說：

人心比山川還要險惡，比天候還要難測。天候還有春夏秋冬、日夜的變化規律，但人卻是容貌複雜、情感深藏。有的人外表恭謹而內心驕傲，有的人貌似長者卻心術不正，有的人外表拘謹而見識通達，有的人看似堅強而內心軟弱，有的人表面舒緩而內心強悍。所以，追求仁義如飢似渴的人，在拋棄仁義時也急如逃熱避焰。2

人心的確難測，不只我們會依自己的「刻版印象」去衡量、判斷他人，一些有心人士更會利用人性弱點，在外表穿著、言行舉止上刻意營造讓你對他產生好感的「假相」，而在不知不覺間著了他的道。為了避免「看錯人」，最基本的功夫是要先揚棄對人的「刻版印象」，不要被一些「標籤」所迷惑。在〈田子方〉篇，魯哀公對來訪的莊子說，魯國大多是儒士，沒有人會相信莊子的道學。莊子說魯國根本沒幾個儒士，魯哀公說他們全魯國都穿儒士服裝，怎麼會沒有儒士？莊子說「懂得儒家學術的未必穿儒士服裝，穿儒士服裝的未必懂得儒家學術」，他建議魯哀公不妨下令「不懂儒家學術而穿儒士服裝的人，要處以死罪！」結果發布命令不到五天，全魯國再穿儒士服裝的就只剩下一個人。

很多人都是「虛有其表」，但如果你被這種「虛有其表」所迷惑，那不能怪對方，只能怪自己太喜歡用外表來衡量一個人。莊子似乎特別嫌惡那些虛情假義的人，除了提醒我們「追求仁義如飢似渴的人，在拋棄仁義時也急如逃熱避焰」，他更說：

喜歡當面誇獎人的人，也喜歡在背後毀謗人。3

能讚美他人雖然多少代表心胸開闊、樂與人爲善，但成爲一種「喜歡」，就流於虛矯；虛矯的人在人前和人後說的話就會不一樣。看似閒雲野鶴的莊子，對於人性其實有著敏銳而深刻的洞察力。也許，不再被這些虛擬人格、精神假象、道德僞裝所迷惑、矇騙，是我們在想眞正認識一個人時，必須先具備的心靈免疫力。

1 故視而可見者，形與色也；聽而可聞者，名與聲也。悲夫！世人以形色名聲為足以得彼之情！夫形色名聲果不足以得彼之情，則知者不言，言者不知，而世豈識之哉！——〈天道〉

2 凡人心險於山川，難於知天。天猶有春秋冬夏旦暮之期，人者厚貌深情。故有貌愿而益，有長若不肖，有順懁而達，有堅而縵，有緩而釬。故其就義若渴者，其去義若熱。——〈列禦寇〉

3 好面譽人者，亦好背而毀之。——〈盜跖〉

八疵九徵——從行動中觀察與考驗人性

前面說過，在與人交往時，我們常因對方給我們的第一印象或刻意製造的假象而「看錯人」，為了避免錯誤印象導致錯誤判斷，除了增加自己在這方面的心靈免疫力外，莊子又借孔子之口，提出九種認識對方、考驗對方的方法（九徵）：

君子將人派遣到遠方，觀察他是否忠誠；讓他在身邊辦事，觀察他是否恭敬；給他繁難的差事，觀察他是否能幹；向他突然提出問題，觀察他是否機智；交給他期限緊迫的任務，觀察他是否守信；把財物託付給他，觀察他是否清廉；告訴他處境危險，觀察他是否有節操；讓他喝醉酒，觀察他是否失態；讓他和異性混雜相處，觀察他是否會受色誘。1

就像「實踐是檢驗真理的唯一標準」，行動是觀察人性的最佳方法，在經過上述行動的考驗後，我們對一個人的好壞良窳就能有較正確的看法。另外，〈漁父〉篇也提到我們要注意一個人在言行方面是否有下列特徵：

不是自己分內的事也兜著來做，叫做「攬」；沒人理會還說個不停，叫做「佞」；迎合對方的心意來說話，叫做「諂」；不辨是非地去巴結奉承，叫做「諛」；喜歡背後說人壞話，叫做「讒」；離間故交、挑撥親友，叫做「賊」；以偽詐的方式去讚美、詆毀他人，叫做「慝」；不分善惡、兩邊都討好，暗中攫取自己的利益，叫做「險」。[2]

有這八種毛病的人，「外能迷亂他人，內則傷害自身；君子不和他們做朋友，明君不用他們做臣子」。《資治通鑑》有一則記載，某天，唐太宗散步到一棵大樹下，停步觀看，說：「這棵樹長得真不錯！」隨侍在側的宇文士及立刻隨聲附和，也對那棵樹讚不絕口。唐太宗聽了，正色說：「魏徵曾經勸我要疏遠諂佞小人，我不知道他指的諂佞小人是誰，但心中一直懷疑是不是就是你？現在聽你這麼說，果然就是你！」宇文士及嚇得立刻叩頭謝罪。雖然我們不必動不動就懷疑別人，但一個明智的人卻不可因別人的讚美與認同而讓自我「迷失」。除了上面八種特徵，下面四種表現也值得注意：

喜歡辦理大事，改變常理常情，用以釣取功名，叫做「放肆」；自恃聰明、專行獨斷，侵犯他人而剛愎自用，叫做「貪婪」；知過不改，聽到勸說反而更加為過，叫做「頑固」；別人的意見跟自己相同就認可，跟自己不同即使是好的也認為不好，叫做「傲慢」。[3]

其實，上面這八種毛病、四種劣行（八疵四患），不只是我們在觀察他人時應注意的事項，更是我們自己在爲人處事方面應該警惕與避免的。如果大家能少一些這種毛病與劣行，那麼社會就能多一分安寧與祥和。

1 君子遠使之而觀其忠，近使之而觀其敬，煩使之而觀其能，卒然問焉而觀其知，急與之期而觀其信，委之以財而觀其仁，告之以危而觀其節，醉之以酒而觀其側，雜之以處而觀其色。九徵至，不肖人得矣。——〈列禦寇〉

2 非其事而事之，謂之摠；莫之顧而進之，謂之佞；希意道言，謂之諂；不擇是非而言，謂之諛；好言人之惡，謂之讒；析交離親，謂之賊；稱譽詐偽以敗惡人，謂之慝；不擇善否，兩容頰適，偷拔其所欲，謂之險。——〈漁父〉

3 好經大事，變更易常，以挂功名，謂之叨；專知擅事，侵人自用，謂之貪；見過不更，聞諫愈甚，謂之很；人同於己則可，不同於己，雖善不善，謂之矜。——〈漁父〉

乘物遊心——批評與規勸他人的守則

在社會上與他人互動，時間久了，不僅發現每個人的觀念、作風不同，其中有些還是讓人難以苟同的，這時難免會興起批評或規勸的念頭，特別是當對方是自己的親友、同事時，甚至會覺得這是自己責無旁貸的事。但多數人都不喜歡被批評或規勸，因爲這多少表示自己「不如對方」，而心生不快與抗拒，所以當你想批評或規勸他人時，就要特別注意對方的感受。莊子提醒我們：

古時候的「至人」，先求端正自己，再求端正他人。如果自己都還站不穩，怎能去糾正暴人的行為呢！[1]

自己嘴毛一堆，卻想去刮別人的鬍子，不僅效果有限，還可能招來反唇之譏。但即使自己站得住腳，在批評或規勸時也不宜過分。話說得太苛刻、要求太過分會讓人心生反感，甚至激怒對方，而對你施加報復：

如果你強用仁義規範的言論在暴人面前誇耀，那就好像用別人的醜行來彰顯自己的美德，這種做法可以說是害人。害人者，別人也一定會反過來害他。2

要批評或規勸他人，最難拿捏的是分寸。既要讓對方不產生心理排斥，又要讓他因你的批評與規勸而有實質的改變，並不是一件容易的事。對此，莊子給我們的建議是：

外表不妨顯現親近之態，內心存著誘導之意。雖然這樣，這兩種態度還是有隱憂。親附他不能掉進去，誘導他不能太顯露。太牽就他，自己就會跟著顛敗毀滅。太凸顯自己，他以為你是為了博取名聲，也會招致禍害。如果他像嬰兒般天真，你就姑且隨著他像嬰兒般天真；如果他同你不分界線，那你也跟他不分界線；如果他放浪形骸，那你也跟著放浪形骸。一定要先做到讓他對你不排斥、能接納你，你才能同化他。3

所謂「如果他像嬰兒般天真，你就姑且隨著他像嬰兒般天真」其實就是「換位思考」，從他的角度去看問題。如果你想讓對方接納你的意見，那你就要做「換位思考」，就好像德國商人布蘭德所說的「如果我要賣東西給你，我會說英語；但如果是你要賣東西給我，請你說德語。」這不是巴結，而是表示自己的誠意，你願意站在他的立場來談問題。

但莊子並不主張要勉強他人非得接受自己的「好意」或「好意見」不可，所謂「乘物以遊心，託不得已以養中，至矣！」（順著事物的自然發展而自在悠遊，寄託於無可奈何讓心靈保持和諧，這就是最好的辦法！）只要覺得自己已經做了應該做的事，至於結果如何，那就順其自然吧，不必多做牽掛。

1 古之至人，先存諸己，而後存諸人。所存於己者未定，何暇至於暴人之所行！——〈人間世〉

2 而彊以仁義繩墨之言術暴人之前者，是以人惡有其美也，命之曰菑人。菑人者，人必反菑之。——〈人間世〉

3 形莫若就，心莫若和。雖然，之二者有患。就不欲入，和不欲出。形就而入，且為顛為滅，為崩為蹶。心和而出，且為聲為名，為妖為孽。彼且為嬰兒，亦與之為嬰兒；彼且為無町畦，亦與之為無町畦；彼且為無崖，亦與之為無崖。達之，入於無疵。——〈人間世〉

獲得寧靜的第一步是，先認識到自己原本有一顆寧靜的真心。想找回自己遺失的寧靜，除了要「鑒於止水」、「用心若鏡」，以開闊的胸襟和視野來淡化各種刺激的衝擊外，更要做「心齋」的功課，以虛己、空明的方式去回應外界，放空自己，讓吉祥跟著來，最後在工作中得意忘形，渾然忘我，達到心靈的解放和自由。

眞心常安——找回你遺失的寧靜

現代都會裡的吵雜、擁擠、紛亂，工作上的競爭、壓力，無一不讓人神經緊繃，煩躁不安，寧靜也因而成爲多數人生活上的一大想望，即使是片刻的寧靜也好。也許因爲如此，所以「我們用心爲您營造寧靜」就成了不少房地產、餐飲業打動人心的一個訴求。但嚴格說來，「營造寧靜」這句話是不通的，因爲人類只能製造聲音，而無法製造寧靜；只能提供紛亂，而無法提供安祥。任何環境原本都是寧靜的，不能寧靜、破壞寧靜的是人，而不是環境中的種種事物。

莊子身處兵荒馬亂的戰國時代，但他過的生活，不僅比我們寧靜太多，顯然也比他同代的人寧靜許多。關於寧靜，他說：

聖人是寧靜的，並不是說寧靜美好，所以才去追求寧靜，而是他本來就寧靜；因為各種事物都不能動搖和擾亂他的內心，所以他能保持寧靜。1

寧靜有兩種：外在的寧靜和內在的寧靜。很多人尋求的都只是外在的寧靜，譬如深山古剎、幽雅密室等，而一些生意人為我們「營造」的也都是外在的寧靜。但當這些外在條件消失時，你得到的寧靜也就會跟著消失。真正的寧靜是內在的寧靜，就像陶淵明的詩：「結廬在人境，而無車馬喧；問君何能爾，心遠地自偏。」身居鬧市，為什麼能不受人車喧嘩的干擾？關鍵在於「心遠」。一個內心寧靜的人，不管在什麼環境中，他都是寧靜的，這才是莊子所重視的寧靜。

有一次，一位印度教行者參加賴瑞金主持的美國電視脫口秀，賴瑞金提出很多犀利的問題，而觀眾的叩應更是質疑、敵對與嘲弄聲不斷，但行者始終安然自若，氣定神閒地回答每個質問。賴瑞金有點好奇也有點挑釁地問他：「你怎麼有辦法如此寧靜？」行者微微一笑，說：「這裡本來很寧靜，是我們把它弄得鬧哄哄的。」這位印度教行者與莊子可說是英雄所見略同。的確，不只「這裡本來很寧靜」，我們每一個人的心也都是「本來很寧靜」，是被外界或我們自己「弄得鬧哄哄的」。

禪宗裡有個很有名的公案。慧可是達摩祖師到中國後所收的弟子，有一天，慧可對達摩說：「弟子的心不得安寧，請師父替我安心。」達摩說：「把你的心拿來，我替你安。」慧可說：「我找來找去，找不到我的心。」達摩說：「好，我已經把你的心安好了。」透過這番問答，達摩告訴慧可他其實有兩個「心」，讓他感到不安的是「妄心」（識心），而達摩替他安好的則是「眞心」。「眞心」是常安的，只要去除被七情六慾、貪嗔癡所蒙蔽的「妄心」，讓「眞心」浮現，就能恢復心靈的平靜。

覺得這個世界亂糟糟、鬧哄哄，那是因爲自己失去了寧靜的心。想獲得寧靜的第一步是，先認識到自己本來是寧靜的，原本有一顆寧靜的眞心，你要做的事不是去追求寧靜、創造寧靜，而是去妄存眞、明心見性，找回自己遺失的寧靜。

1 聖人之靜也，非曰靜也善，故靜也，萬物無足以鐃心者，故靜也。——〈天道〉

鑒於止水——恢復寧靜的EQ課程

雖然說我們每個人原本都有一顆寧靜的心，但卻因爲受到七情六慾、貪嗔癡的汙染而躁動不安，再加上外在環境的刺激，就更如火上添油，連片刻都不得安寧。要如何才能讓自己安靜下來呢？正本清源之計是找回寧靜的心，恢復內在的寧靜。一個有著內在寧靜的人，各種事物都不能動搖和擾亂他的內心，走到哪裡都是寧靜的，問題是要怎麼做到？莊子下面這段話可以給我們一些參考：

人不要在流動的水面照自己的身影，而要在靜止的水面照，因為只有靜止的東西才能使他物也靜止下來。各種樹木受命於地，但只有松柏無論冬夏都鬱鬱青青；每個人都受命於天，但只有舜品行最為端正，他善於端正自己，因而也能端正他人的品行。1

這段話告訴我們三件事：第一，能保有寧靜之心的人，就像長青的松柏或聖人般並不多見，多數人都是躁動不安的。第二，要想恢復寧靜，最好不要去看流動的水，而應該多看靜止的水面，因為「只有靜止的東西才能使他物也靜止下來」。對多數人來說，要想恢復內在的寧靜，特別是在剛開始的時候，最直接而有效的方法就是多多親近外在的寧靜。徜徉於幽靜的地方，的確能讓我們浮躁的心得到洗滌和沉澱，但所謂「除非我們內心本來就有寧靜，否則我們無法領會什麼叫寧靜」，我們之所以喜歡外在的寧靜，最大的原因是它「喚醒」了我們原有的內在寧靜。第三，除了幽靜的地方與事物外，本身寧靜的人也能讓我們受到薰陶，而隨之寧靜，就像行事端正的舜讓接近他的人也跟著端正起來。

這其實是「近朱者赤，近墨者黑」的衍生觀念，它同樣適用於寧靜這個範疇。你想恢復心靈的寧靜嗎？那就多和寧靜的人、寧靜的事物在一起。在《EQ》這本全球暢銷書裡，作者在談到「情緒感染」時，特別提到下面這個故事：

大衛．布希是一位參加過越戰的美國大兵，他說有一天，他們排上的弟兄和越共在田裡發生激戰，槍林彈雨中，突然有六個和尚排成一排，魚貫走過田埂，神色平靜，步履安穩，似乎對身旁的激戰視若無睹。美國大兵們出神地看著這群和尚緩慢地走過前方的稻田，沒有人朝他們射擊。大衛回憶說：「看著他們走過去後，我突然覺得毫無戰鬥情緒，最少在那一天是如此。」他排上的弟兄還有越共似乎也有同樣的感覺，因為大家都不約而同放下武器，敵我雙方還因此休戰了一天。

宇宙臣服於寧靜的心靈。一個內心寧靜的人，不只走到哪裡都是寧靜的，他還可以讓我們跟著安靜下來，幫我們找回寧靜的心。這也是爲什麼自古以來，渴望內心寧靜的人都想去認識與親近莊子，而在受其薰陶之後，也都變得寧靜許多的原因。

1
人莫鑑於流水，而鑑於止水，唯止能止眾止。受命於地，唯松柏獨也在，冬夏青青；受命於天，唯舜獨也正，幸能正生，以正眾生。——〈德充符〉

用心若鏡——如實反映外物，不迎不藏

平靜的心靈就像平靜的湖面，或者一面光滑的鏡子。站在這樣的鏡子前，鏡中所呈現的周遭景物和我們自己，不僅格外清晰，而且安祥光明。我們的眞心就是這樣的一面明鏡，想獲得內在的安寧，歸根究柢，還是要學習用眞心來觀照世界，就像莊子所說：

至人的用心有如明鏡，任隨外物的來去而不加迎送，如實反映外物而無所留藏，所以能夠反映外物而又不因此損心勞神。1

明鏡最大的特點是它「如實」反映外物，沒有任何的增減或扭曲。我們在觀照外物時，通常會加上太多自己的想法和情緒，結果得到的是「失眞」的東西。譬如有一位大師到某地講學，議題尖銳，會後聽眾還圍著他討論不休，有一個人竟當場對他吐口水，但大師仍安然自若地解說。一位聽眾看不下去，激動地說：「大師！他對你吐口水，當眾侮辱您，您爲什麼無動於衷呢？」大師微微一笑，說：「哦，我是看到他朝地上吐口水，但我可沒看到什麼侮

辱。」這就是「用心若鏡」，大師的確只看到那人將口水吐到地上，所謂「侮辱」云云，其實是其他觀者根據自己的好惡與揣測自行添加上去的。就是這些多餘的揣測與好惡，讓我們情緒激動，不得安寧。

眞心有若明鏡，所謂用眞心觀照，就是在觀照外界時，沒有既定的知見，沒有多餘的聯想，不僅隨遇而現，也隨遇而安，對各種外在情境沒有分別之心，不會因爲這樣就特別高興，或因爲那樣就特別哀傷，就像《維摩詰經》所言：「在淨而淨，不以爲欣；處穢而穢，不以爲戚；應彼而動，於我無爲。」

明鏡的第二個特色是東西還沒來，鏡中不會出現任何影像；東西走了，鏡中也不會殘留任何影像。但一般人顯然並非如此，事情還沒到來，就開始爲它緊張、焦慮、煩惱；事情已經過了，依然爲它痛苦、懊惱、悔恨。我們的心神不寧，其實有一大部分都來自這些事前與事後的縴蔓瓜葛。要「用心若鏡」，就要像莊子所說對外物「不迎不送」，或者像《菜根譚》所說的「風來疏竹，風過而竹不留聲；雁過寒潭，雁去而潭不留影。故君子事來而心始現，事去而心隨空。」那要如何讓心如明鏡呢？莊子說：

鏡子明亮，就不會落上塵垢；有塵垢落在上面，鏡子就不會明亮。如果能常和賢人在一起，就不會有過失。2

除了常和內心寧靜的賢人在一起，讓自己也跟著寧靜外，還要去除鏡子上的「塵垢」——也就是你個人的貪嗔癡，而就像神秀禪師所說：「身是菩提樹，心如明鏡台；時時勤拂拭，不使惹塵埃」，這種清潔的工作必須是經常性的、持續性的。如果能讓心靈保持光滑狀態，在觀照外界時，沒有既定的知見，沒有多餘的聯想，事來心始現，事去心隨空，你自然就能讓眞心浮現，獲得內在的安寧。

1 至人之用心若鏡，不將不迎，應而不藏，故能勝物而不傷。——〈應帝王〉

2 鑑明則塵垢不止，止則不明也。久與賢人處，則無過。——〈德充符〉

海深水闊——吸收騷動而不隨之騷動

當我們站在海邊，特別是海邊的山上，看著眼前的一片大海時，心中的苦悶、憂慮、哀傷即使不能一掃而空，也會減輕許多。爲什麼會有這種效果？因爲大海是寧靜的，外在的寧靜喚醒了我們內在的寧靜。大海之所以寧靜，就在於它的大。如果你想擁有或恢復內在的寧靜，那你就要有如大海般的胸襟。在〈秋水〉篇裡，東海大龜向井底之蛙描述大海的大、寧靜與快樂：

千里的遙遠，不足以形容它的大；千仞的高度，不足以測量它的深。夏禹時代十年有九年水災，海水沒有因此增多；商湯時代八年有七年旱災，岸邊的水位也沒有因此下降。不因為時間的長短而有所改變，不因為雨量的多少而有所增減，這就是東海最大的快樂。[1]

如果你的心只像茶杯一般大，那麼一塊小石頭掉進去，就會在茶杯裡激起風暴；一滴酸滴進去，整杯水都會酸得難以下嚥。但如果你的心能像水池一般大，那麼一塊小石頭掉進去，只會激起一點小漣漪；一滴酸滴進去，也難以改變池水的味道。想保有內心的寧靜，並不是要棄絕喜怒哀樂，讓心靈變成一灘死水，而是要寬闊你的心胸。心胸愈寬闊，騷動不安的情緒就愈被稀釋，心靈也會愈寧靜，當你的心胸如大海般寬闊而深邃時，不僅能吸收各種騷動，不隨之騷動，而且能將它們化解於無形。

在十二歲時就因嚴重的類風濕性關節炎而手腳腫痛、行動不便的劉俠，原本悲觀沮喪、怨天尤人，但後來卻變得樂觀開朗，以「杏林子」的筆名發表無數感人的作品，並積極參與社會公益活動。讓她能有此轉變的除了基督教信仰外，心胸變寬闊也是原因之一，她在客廳掛了一幅自擬的「天地無限廣，歲月不愁長」對子，還說：「雖然我這一生被侷禁在一方小小的斗室之間、一榻之上，然而我的心如鷹展翅，在廣漠的天地間遨遊飛翔，自由自在。」就是這種廣闊的胸襟使她對自己的不幸遭遇釋懷，用一顆寧靜、安祥的心重新看待自己、自己的病痛和世界，而使她活得比一般人更自由自在，也更有意義。

很多事情之所以讓人看不開，都是因爲自己鑽進了牛角尖。在〈則陽〉篇裡，當魏國和齊國發生爭端，憤怒的魏惠王準備出兵討伐齊國時，戴晉人對魏惠王說了一個故事：

蝸牛的左角有個國家叫觸氏，右角有個國家叫蠻氏，兩國經常為了爭奪土地而打仗，屍橫遍野，數也數不清，勝方追趕敗方，花了整整十五天才班師回朝。2

魏惠王聽了悵然所失，怒氣也消了，不再出兵，一場戰亂因而得以倖免。唐朝白居易的〈對酒〉詩說的就是這件事：「蝸牛角上爭何事，石火光中寄此身；隨富隨貧且歡樂，不開口笑是痴人。」只要能鑽出牛角尖，視野和胸襟一開闊，原本讓自己懊惱不已、憤恨難平的事，都變得微不足道了，心情自然也就能恢復平靜。

當你生命的格局變大，胸襟和視野變開闊後，尋常的苦悶、焦慮、煩惱、憂傷在相較之下，都成了大海邊的小小漣漪、蝸牛角裡的無謂衝突，何足掛齒？諸葛亮在他南陽草廬的門上貼著一對門聯：「淡泊以明志，寧靜以致遠。」似乎就是在表示這樣的一個境界。

1 夫千里之遠，不足以舉其大；千仞之高，不足以極其深。禹之時，十年九潦，而水弗為加益；湯之時，八年七旱，而崖不為加損。夫不為頃久推移，不以多少進退者，此亦東海之大樂也。——〈秋水〉

2 有國於蝸之左角者曰觸氏，有國於蝸之右角者曰蠻氏。時相與爭地而戰，伏尸數萬，逐北旬有五日而後反。——〈則陽〉

交替流轉——「這，也將過去！」——

開闊心胸，不只是空間上的，還有時間上的。人生總是有成有敗、有喜有怒、有哀有樂，當它們來襲時，我們宛如狂風巨浪中的一葉扁舟，隨之漂盪翻騰，但拉長時間來看，這些成敗悲歡，都無法持久，宛如過眼雲煙。就像《三國演義》的卷頭詞：「滾滾長江東逝水，浪花淘盡英雄。是非成敗轉頭空，青山依舊在，幾度夕陽紅？白髮漁翁江渚上，慣看秋月春風。一壺濁酒喜相逢，古今多少事，都付笑談中。」這也正是莊子所說的：

死生、得失、窮達、貧富、賢不肖、毀譽、飢渴、寒暑，這些都是事物的變化，天命的流轉，好像晝夜交替一般，人的才智又怎能窺見它們的起始？了解這一點，前面那些變化就不足以擾亂我們本性的平和，不至於侵入我們的心靈，同時可讓我們常保天真愉悅的心情，如日夜交替，全無阻礙，而隨物所在保持著春天的喜氣，心靈和外界產生和諧的感應。[1]

有個故事說：一九五四年的世界盃足球賽，大家看好實力雄厚的巴西隊獲得冠軍，想不到巴西隊卻在準決賽中就輸了。當球員們返國時，心情沮喪而且焦慮，個個做好了挨罵的準備。但一出關，卻看到巴西總統帶著兩萬多名球迷在機場迎接他們，一條橫幅上的標語格外醒目：「這，也將過去！」全體隊員看了頓時淚流滿面，在國人默默地目送下，他們滿懷溫馨地離開機場。那句標語讓球員們獲得了力量，四年後，巴西隊不負眾望，終於贏得了世界盃冠軍。當球員們返國，樂不可支而趾高氣揚地走出機場時，除了看到盛大的歡迎場面外，又看到一條橫幅上寫著同樣的醒目標語：「這，也將過去！」大家看了，原本驕傲而洶湧澎湃的心情也跟著平靜了不少。

想保持心情的平靜，並非要不喜不悲，對什麼事都無動於衷，而是不要太激動，需對情緒做適當的管理或調節，這就牽涉到你對情緒的認知。時間是情緒的稀釋劑，不管你曾經多麼欣喜若狂，何等痛不欲生，在事隔多年後，它們自然都變淡了。如今回想起來，你對當時自己的抓狂失控也許會感到莞爾，認爲如果能重新來過，你一定會有更好的表現和體驗。但往者已矣，不如現在就開始管理你當下的情緒：不管快樂或悲傷、焦慮或沮喪，當你的情緒開始騷動時，就立刻提醒自己——「這，也將過去！」將時間拉長，站在未來看現在，有助於緩和情緒的騷動。

在更深的層次，「這，也將過去！」意味不管快樂或悲傷，都將如令人懷念的青春時光般一去不復返，所以你應該好好把握，趁它們還「在」時，用一種珍惜的態度仔細去品嚐箇中滋味。珍惜你的快樂，也珍惜你的悲傷，然後，你體驗的將不再是騷動，而是深邃、圓滿。這也正是莊子所說的「如日夜交替，全無阻礙，而隨物所在保持著春天的喜氣，心靈和外界產生和諧的感應」。

1

死生存亡，窮達貧富，賢與不肖、毀譽、飢渴、寒暑，是事之變，命之行也；日夜相代乎前，而知不能規乎其始者也。故不足以滑和，不可入於靈府。使之和豫通而不失於兑，使日夜無郤而與物為春，是接而生時於心者也。——〈德充符〉

淨化心靈——維持平靜的心齋功夫

來自外在的刺激，經常讓我們心中波濤起伏，不得安寧。爲了維持心靈的平靜，莊子除了勸我們「鑒於止水」、「用心若鏡」，以開闊的胸襟和視野來淡化各種刺激的衝擊外，更建議我們要做「心齋」的功課。就像透過身體的齋戒沐浴來表示自己的虔誠，「心齋」是讓人恢復自在寧靜的心靈淨化儀式：

你要心志專一，不要用耳去聽而要用心去聽；不要用心去聽而要用氣去聽。耳的功用在聽到後就結束了，心的功用在符合自己的認知後就停止了，氣則是空明而能容納外物的。只要你一片空明，自然能與大道相合。「虛」，就是「心齋」。1

從這段話可知，莊子認爲我們對外在刺激的反應有三個模式或三種境界，乍看似乎不太好理解，但其實相當符合現代生理學與心理學的觀點。第一個模式或境界是「聽之以耳」，當耳、眼、皮膚等感官接收外界刺激後，不經過大腦而立刻產生反射動作，譬如手指碰到熱鍋立刻縮回，耳朵聽到侮辱自己的罵聲血壓立刻升高，全身動員、準備迎戰，這就是「耳的功用在聽到後就結束了」。

第二個模式是「聽之以心」，外在刺激先傳到大腦，經過大腦評估（心的認知）後再決定怎麼回應，譬如聽到侮辱自己的罵聲雖然讓你的血壓升高，但如果是老闆罵你，那你可能會苦笑幾聲就算了，不再去想它，情緒自然就會緩和許多。多數人都是在這個層面下功夫，藉以維持心靈的平靜。心胸愈寬闊、定力愈夠、閱歷愈多的人，就愈能「化解」負面的外在刺激。

但只要「用心」，就還有一個「我」在，這種平靜還是不夠徹底。莊子鼓吹的第三個模式，或者說更高的境界是「聽之以氣」。因爲「氣」是沒有什麼你我之分的（通天下一氣），所以「聽之以氣」也就是以「無我」（虛己、空明）的方式去做回應。但認眞說來，所謂「虛己」、「空明」並不是什麼都不想，而是「沒有我的另一種想法」。

修行到家的瑜珈師不僅總是一副寧靜安祥的模樣，甚至對常人無法忍受的痛苦也不爲所動。譬如有個瑜珈師若無其事地將一根鋼針刺入自己的手臂，仍能談笑自若。問他爲什麼能夠如此「寧靜」？他說方法無他，就是把一般人所想的「刺入我的手臂」、「我的手臂在痛」，換成「刺入一隻手臂」、「有一隻手臂在痛」。這就是「無我之思」或「氣之思」，也就是將諸般苦惱、抱怨和懷疑中的「我」趕走。當你焦慮不安時，不再像平常一樣自問：「我爲什麼這麼焦慮？」而是換個想法：「這個人爲什麼會這麼焦慮？」從自身抽離出來，把自我當成一個被觀照的客體，在這種「分離的覺察」下，你的焦慮或其他負面情緒就能獲得緩解，而恢復更多的寧靜。

不得安寧，是因爲你心中有太多「我」。淨化心靈，就是將一個個愛作怪的「我」請出心靈，恢復空明狀態，用「氣」去感覺、回應外在刺激。

1 若一志，無聽之以耳而聽之以心，無聽之以心而聽之以氣。聽止於耳，心止於符。氣也者，虛而待物者也。唯道集虛。虛者，心齋也。——〈人間世〉

虛室生白——放空自己，吉祥跟著來——

人生的一個弔詭是：愈叮嚀自己「我要平靜」，就愈無法平靜。在這個時候，你最需「要」的就是拿掉那個「我」。英國哲學家羅素在剛剛嶄露頭角時，偶而有人會請他去演講，他總是非常緊張，在演講前猶如熱鍋上的螞蟻，內心焦躁惶急，演講的效果當然也就不好。有一天，他對自己說：「如果羅素的演講講得很差勁，這世界會有什麼改變呢？它既不會對世界造成任何影響，歷史也將繼續延續。」透過這種反思，他消除了自我中心的關注，不再擔心自己的表現、不再害怕受人輕視，心情變得寧靜輕鬆許多，以後就把演講當成樂事，結果就愈講愈好。

要想維持心靈的平靜，除了以「無我」的方式去回應外在刺激外，更需要以「無我」的方式去閱歷人生，也就是在待人接物、立身處世方面淡化自我、放空自己。莊子認爲，最直接而有效的途徑就是：

放棄求名的心思，放棄謀略的智慮；放棄專斷的行為，放棄智巧的作為。體會無窮的大道，遊心於寂靜之境。讓稟承自然的本性得到發揮，而不自我矜誇，這也就達到「虛」（空明）的境界了。1

如果無所求、無所爭，心中沒有什麼掛慮和懸念，風平浪靜，自然較能維持心靈的平靜。在〈山木〉篇，莊子更用一個巧妙的比喻告訴我們，「無我」還可以改善我們的人際關係：

併起船來渡河，如果突然有條空船碰撞過來，即使心地偏狹、性子急噪的人也不會因此動怒，但如果船上有一個人，那就會大聲喝斥來船讓開。喊一聲沒有回應，喊第二聲也沒有回應，那第三聲就必定會惡聲惡氣地破口大罵。為什麼原先不發脾氣而現在卻大動肝火？因為原先是空船沒有人而現在卻有人在船上。一個人如果能以「虛己」的態度悠遊於人世，誰又能夠傷害他！2

「無我」，就是將自己變成一條空船，沒什麼威脅性，自己自在，別人看了也自在。即使在江湖上跟人發生摩擦，別人也不會跟你計較，更不會傷害你。

空明的心境可以生出光明來，福善之事止於寧靜的心。[3]

當我們放空自己，拋開跟自我有關的掛慮和懸念後，心中一片寧靜，自然會流露出祥和之光。在待人接物及行事時，雍容自在，豁達開朗，往往就能有更自然、更好的表現，沒想到要圓滿，結果反而一切圓滿。以無我的心情來觀照世界，更能進入王國維在《人間詞話》裡所說的無我之境，「採菊東籬下，悠然見南山」，「寒波澹澹起，白鳥悠悠下」，不知何者爲我，何者爲物，物我兩忘；或者《菜根譚》所說的「寵辱不驚，閒看庭前花開花落，去留無意，漫隨天外雲卷雲舒」。還有什麼比這更寫意的呢？

1 無為名尸，無為謀府，無為事任，無為知主。體盡無窮，而遊無朕；盡其所受於天，而無見得，亦虛而已。——〈應帝王〉

2 方舟而濟於河，有虛船來觸舟，雖有惼心之人不怒；有一人在其上，則呼張歙之。一呼而不聞，再呼而不聞，於是三呼邪，則必以惡聲隨之。向也不怒而今也怒，向也虛而今也實。人能虛己以遊世，其孰能害之！——〈山木〉

3 虛室生白，吉祥止止。——〈人間世〉

得意忘形——因癡迷與投入而忘懷

我們現在說一個人「得意忘形」，似乎有些負面的意思——因爲太高興而失去了常態。但它最早是用來形容竹林七賢的阮籍：「當其得意，忽忘形骸，時人謂之癡」——因爲得到某種眞意而喜悅，進入一種渾然忘我、如醉如癡的境界。「忘形」不只是遺忘了自己的形體，還包括身分等等，它是一種積極而美妙的「虛己」，莊子將此境界稱爲「坐忘」：

遺忘自己的肢體，拋開自己的聰明，離棄本體、忘掉知識，和宇宙大道融為一體，這就叫「坐忘」。1

世界知名的指揮家兼作曲家伯恩斯坦，經常在世界各地一流的音樂廳指揮大型的交響樂團，對這種體驗有一番生動的描述，他說：「在我認爲精采的演奏結束之後，通常要經過好幾分鐘，我才會意識到自己身在何處——在哪個音樂廳、哪個國家——或者，『我究竟是誰』。然後，突然間，我注意到有鼓掌聲，我曉得我應該轉身鞠躬。這很難，可是感覺很棒。這時候眞的是『得意忘形』，『你』並不存在。這就跟你在作曲時，靈感奔湧而出的入迷經驗完全一樣。你忘了時間，也渾然無覺於周遭的情景。」

要怎樣才能達到這種境界呢？當事者對他當下所做的事情顯然必須非常「癡迷」或「投入」，莊子將此稱爲「用志不分，乃凝於神」，在〈達生〉篇裡，當孔子到楚國去時，在樹林中遇到一個駝子，他用竹竿黏蟬百無一失，就像用手拿一般容易。孔子問他爲何能如此神乎其技，駝子說：

> 我立定身子，就像豎立在地面的木樁，我拿著竹竿的手臂，就像枯木的樹枝；雖面對天地之大，萬物之多，卻只專注在蟬翼上，我心無二念，不左顧右盼，不想用萬物來換取蟬翼，這樣為什麼會得不到呢！[2]

心無二念、全神貫注在那小小的蟬翼上，自然會渾然忘我，忘記周遭的一切，而讓黏蟬像用手撿取般容易。這讓人想起下面這個故事：有一個外科醫師，某天在手術房裡進行一項高難度的手術，經過幾個小時，手術終於完成。他走下手術台，卻發現手術房的角落裡突然多了一些瓦礫碎片。他不解地問護士究竟是怎麼一回事，護士說那是手術進行中，手術房的天花板突然塌下來的碎片。顯然是因爲這位外科醫師太專注於手術，所以才會對身旁發生的重大變故渾然無覺。這位全神貫注於手術的外科醫師不只是個相當盡責的好醫師，更是一個幸福的人，因爲這種在工作中渾然忘我、忘記時間、忘記一切的境界並非人人都能經驗到。

「得意」可以讓人「忘形」，反之，「忘形」也可以讓人「得意」。其實，在莊子眼中，「遺忘」就代表了「舒適」：

遺忘了腳（沒感覺到腳的存在），那表示鞋子很舒適；忘掉了腰，那表示帶子很舒適；忘了是非，是內心的安適。內心不移，外不從物，是處境的安適。本性常適而無往不適，更是忘了安適的安適。[3]

黎巴嫩詩人紀伯倫說：「回憶是一種相遇，遺忘是一種自由。」不管你是遺忘形體、環境、他人、是非、得失或自我，都代表一種心靈的解放和自由，甚至是一種幸福。但如果你想「得」生命之「意」或宇宙之「意」，那你就要把遺忘當做一種藝術、一種修行。

1 墮肢體，黜聰明，離形去知，同於大通，此謂坐忘。——〈大宗師〉

2 吾處身也若厥株拘；吾執臂也若槁木之枝，雖天地之大，萬物之多，而唯蜩翼之知。吾不反不側，不以萬物易蜩之翼，何為而不得！——〈達生〉

3 忘足，履之適也；忘要，帶之適也；知忘是非，心之適也；不內變，不外從，事會之適也；始乎適而未嘗不適者，忘適之適也。——〈達生〉

與時俱化——不偏滯於固定的觀點

每個人在立身處世方面，多少都必須具備某些信念或信仰。信念基本上是唯一的，也就是你對「什麼應該或必須如何如何」的唯一而固定的觀點（否則難稱爲信念）。信念愈堅定，在面對外在刺激或挑戰時，你就愈不會徬徨失據，愈能理得而心安。但如果你的信念「錯」了呢？你又要如何知道？知道後又要如何保持心靈的平靜與安適？莊子以他自己爲例，爲我們做了一次有趣的現身說法：

莊子帶著弟子行走於山中，看見一棵大樹，枝繁葉茂，但伐木工人卻站在樹旁不動手砍伐。問他們為什麼不砍樹，工人回答：「這棵樹沒有什麼用處。」莊子於是對弟子說：「這棵樹就是因為不成材而能夠終享天年啊！」1

莊子是鼓吹「無用論」的，「無用之用，乃爲大用」可以說是他的一個信念，工人的說法顯然印證了他的信念，於是他再度向弟子鼓吹「無用論」。但好景不常：

走出山來，一行人留宿在莊子友人的家中。友人高興，叫童僕殺鵝款待他們。童僕問主人：「一隻鵝會叫，一隻鵝不會叫，請問要殺哪一隻呢？」主人說：「殺那隻不會叫的。」2

主人雖然無心，但他的說法顯然是在找莊子「無用論」的碴，他「無用之用，乃爲大用」的信念受到了挑戰。果然：

第二天，有弟子問莊子說：「昨日在山中看見的大樹，因為不成材而能終享天年，如今主人家的鵝，卻因為不成材而被殺。請問先生您將怎麼自處呢？」3

多數人在出現與自己信念不符的事證時，不是視而不見、顧左右而言，就是拐彎抹角，爲自己的信念提出辯解。但莊子卻回答說：

我將處於成材與不成材之間。處於成材與不成材之間，看似合於大道卻並非真正與大道相合，所以還是不能免於拘束與勞累。要能順應自然而自在悠遊就不是這樣。沒有讚譽也沒有詆毀，時而如龍般騰飛，時而像蛇一樣蟄伏，隨著時間的推移而變化，不偏滯於任何一個固定點；時而進取時而退縮，以順任自然為原則，悠遊於萬物的根源，主宰外物而不被外物所役使，這樣怎麼會受到拘束和勞累呢？4

莊子說的「我將處於成材與不成材之間」，並非「腳踏兩條船」的投機主義者，他的意思是說我們不必拘泥於「有用」或「無用」的說法，因為沒有一種觀點、一個信念能解釋一切，適用於各種情況。有些事從「無用」的觀點去看待是好的，但有些事則須從「有用」的角度來觀照。在某些情況下「有用」的，換了另一個時空或場合，可能就會變成「無用」。總之，就是要跳脫僵化的框框，因時因地因事而彈性運用，才是最符合自然、最自由自在的方式，也最能反映莊子「相對論」的精神。

所以，不偏滯於某個固定觀點，與時俱化，才是最經得起考驗、長保心靈安寧的信念。

1 莊子行於山中，見大木，枝葉盛茂，伐木者止其旁而不取也。問其故。曰：「無所可用。」莊子曰：「此木以不材得終其天年。」——〈山木〉

2 出於山，舍於故人之家。故人喜，命豎子殺雁而烹之。豎子請曰：「其一能鳴，其一不能鳴，請奚殺？」主人曰：「殺不能鳴者。」——〈山木〉

3 明日，弟子問於莊子曰：「昨日山中之木，以不材得終其天年；今主人之雁，以不材死。先生將何處？」——〈山木〉

4 周將處乎材與不材之間。材與不材之間，似之而非也，故未免乎累。若夫乘道德而浮游則不然，無譽無訾，一龍一蛇，與時俱化，而無肯專為；一上一下，以和為量，浮游乎萬物之祖；物物而不物於物，則胡可得而累邪！——〈山木〉

鼓盆而歌——讓我們活得充實，死得快樂——

人生最難看破的是生死關，在人世的種種現象中，最讓人感到焦慮、恐懼與悲痛的莫過於死亡。當看到他人死亡或思及自己必然的死亡時，每個人都會變得心神不寧，因爲在我們的認知裡，死亡代表著「毀滅」，而焦慮、恐懼與悲痛正是我們在面對毀滅時最常見的情緒反應。但莊子在面對死亡時，似乎比一般人平靜、豁達了許多，最有名的莫過於他在妻子死時的「鼓盆而歌」。來弔喪的惠子責備他「太過分」，莊子說：

當她剛死時，我怎麼能不感慨哀傷呢？但仔細想想，觀察到她起初本是沒有生命的，更沒有形體，甚至連氣息也無。在若有若無之間變而成氣，氣又變而成形，然後有了生命，如今又變而為死，這就跟春夏秋冬四季的運行一樣。人家靜靜地安息於天地之間，而我卻還嗚嗚地在旁啼哭，我以為這不是通達生命之理的表現，所以就不再哭泣。1

莊子認爲人的生與死就像四季的運行一樣，只是「變化」，而非「毀滅」，所以在爲妻子的死感慨哀傷一陣子後，就「節哀順變」，不再哭泣。但爲什麼「鼓盆而歌」呢？除了表示他的豁達外，更反映出他對死亡的另一種看法：

我怎麼知道貪戀活在世上不是迷惑呢？我又怎麼知道厭惡死亡不是年幼流落他鄉而老大還不知回歸呢？麗姬是艾地封疆守土者的女兒，晉國征伐麗戎時俘獲了她，她當時哭得淚水浸透了衣襟。等她到了晉王的宮裡，和國王同睡一床，共食美味珍饈，這才後悔當初不該哭得那麼傷心。我怎麼知道那些死去的人不會後悔當初的貪戀求生呢？2

希臘先哲柏拉圖也說：「沒有人知道死亡對人來說是最高的祝福或最大的詛咒，但大家卻自以爲是地擔心它是最大的詛咒。」的確，沒有人知道死亡是怎麼一回事，那你何必跟自己過不去，將它想得悲慘萬分、恐怖無比？愛生惡死、貪生怕死不僅沒必要，甚至還可能是錯的，因爲「死後的世界」說不定比我們活著的世界還要美好。但不管如何，莊子告訴我們，更重要的是生前要好好生活：

大自然賦予我形體，用生使我勤勞，用老使我清閒，用死讓我安息。所以，以生為安善的，也應該以死為安善了。3

死亡不是生命的失敗或毀滅，而是生命的一部分，生命因死亡的存在而顯得珍貴。做為一個人，能好好地活，就能好好地死；要活得自在，也要死得自在；把生當做好事，也要把死當做好事。只要你能「活得充實」，就能「死得快樂」；不再對死亡感到焦慮、恐懼與悲痛，你就能常保心靈的自在與安寧。

1 是其始死也，我獨何能無概然！察其始而本無生，非徒無生也，而本無形，非徒無形也，而本無氣。雜乎芒芴之間，變而有氣，氣變而有形，形變而有生，今又變而之死，是相與為春秋冬夏四時行也。人且偃然寢於巨室，而我噭噭然隨而哭之，自以為不通乎命，故止也。——〈至樂〉

2 予惡乎知說生之非惑邪！予惡乎知惡死之非弱喪而不知其歸者邪！麗之姬，艾封人之子也。晉國之始得之也，涕泣沾襟；及其至於王所，與王同筐床，食芻豢，而後悔其泣也。予惡乎知夫死者不悔其始之蘄生乎？——〈齊物論〉

3 夫大塊載我以形，勞我以生，佚我以老，息我以死。故善吾生者，乃所以善吾死也。——〈大宗師〉

「天人合一」在生態層面意指人和自然萬物是一體、休戚與共的；在文化層面意指文明產物要能與自然契合，形成和諧關係；在精神層面意指「天地與我並生，萬物與我為一」的理想境界。從自然到文化、宇宙到人事，都存在著「道」這個基本法則，它們的表現如同交響樂的演奏，讓我們在聆賞中感受到一種單純而又深刻的美。

天人合一——從剝削、征服到尊重、愛護——

人與萬物共同生存於自然環境中，以前有不少人認爲，萬物與自然環境都是爲了人類的需要而存在，也因此而成爲我們剝削與榨取的對象。但近年來，日益嚴重的生態汙染，特別是森林的濫墾、二氧化碳排放量的遽增等所導致的全球氣候異常、乾旱與洪水相繼肆虐，讓大家不得不重新思考人與自然、萬物的關係。在這個時候，莊子的「天人合一」觀點正可以給我們不少啓迪。莊子是最早提出「天人合一」觀的思想家之一，他的「天人合一」觀包含了很多層面，本文先說生態層面：「天」指的是自然與自然中的萬物，而「人」則是有血有肉的人或人類。「天人合一」意指人和自然萬物是一體的，是互相影響、休戚與共的。不只如此，莊子還進一步指出：

不管人喜歡或不喜歡，天和人都是合一的。不管人認為合一或不合一，天和人也都是合一的。認為天和人是合一的就和自然同類，認為天和人是不合一的就和人同類。不把天和人看作互相對立，這就叫做真人。1

人與自然和萬物是命運共同體，你否認也沒有用，因爲它是不會隨著人的意志而轉移的客觀事實，想做一個有智慧的「眞人」，就不能採取和自然對立的立場。而要與自然和諧相處，就必須先體認人類與自然、萬物息息相關，有著消長生剋、不斷變化的動態關係：

陰陽相應，相消相長；四季循環，相生相殺。欲念、憎惡、離棄、靠攏，如橋梁般相連相起，……安危互相更易，禍福互相產生，緩急互相交替，聚散因以形成。2

人類常昧於這種消長生剋的動態關係，下面就是一個很好的例子：一九五〇年代，爲了撲滅瘧疾，世界衛生組織協助印尼政府在婆羅州全島噴灑ＤＤＴ，效果相當顯著，蚊子和瘧疾的病例都減少了。但在宣稱這個計畫成功後不久，當地居民卻發現，他們住家的屋頂掉了下來。因爲ＤＤＴ也殺死了吃毛毛蟲的黃蜂，大量增加的毛毛蟲啃食了用茅草做的屋頂，而使得屋頂紛紛崩塌。居民還發現，屋子內外的老鼠也大量增加了，原來蒼蠅也被噴灑的ＤＤＴ殺死或中毒了，壁虎吃了這些蒼蠅，也紛紛中毒或死亡，而家貓又吃了這些壁虎，結果家貓因體內累積過多的毒素，也紛紛中毒和死亡。家貓數目減少，老鼠失去了天敵，遂大量繁衍增生。老鼠一增加，全島遂爆發由老鼠帶來的鼠疫和斑疹傷寒，情況簡直比當初的瘧疾還要嚴重和危急。世界衛生組織最後不得不空投大量的家貓到婆羅州去撲殺老鼠，消滅鼠疫和斑疹傷寒，彌補當初噴灑DDT所帶來的後果。

這正是所謂「牽一髮而動全身」，就像詩人佛蘭西斯・湯普遜所說：「所有的事物，近處或遠處的，藉著不朽的力量，以隱藏的方式彼此聯繫起來。你搖撼一朵花，就一定會騷動一顆星星。」它也可以說是莊子的「天人合一」觀在生態面的現代說法：人類的任何作爲都會影響到自然，而自然又反過來影響人類。想要剝削自然、征服自然，結果必然會引起自然的反撲，到頭來很可能得不償失。

當生態環境迭遭破壞，人類生存已飽受威脅的今天，莊子的這種「天人合一」觀正是我們必須具備的心態，也是我們尊重自然、愛護環境的第一步。

1 其好之也一，其弗好之也一。其一也一，其不一也一。其一，與天為徒；其不一，與人為徒。天與人不相勝也，是謂之真人。——〈大宗師〉

2 陰陽相照、相蓋、相治，四時相代，相生、相殺，欲惡去就於是橋起，……安危相易，禍福相生，緩急相摩，聚散以成。——〈則陽〉

文明指標——不擾亂常規，不違逆眞情——

人類雖是自然界的成員之一，但跟萬物最大的不同點是人類創建了文化與文明，而所有的文化（文明）都是在改變人類自身與外在環境的自然狀態，譬如由生食變成熟食、裸體變成穿衣、搭橋鋪路、建造城市等。這些對自然的改造與干預，都是爲了滿足人類生活所需，原也是無可厚非，因爲自然並非都是友善的，問題是如何讓這種改造與干預產生最大的效果而又將可能的危害降至最低？莊子提供我們一個重要的原則，那就是他在文化層面的「天人合一」觀。在這裡，「天」指天然或自然，「人」指人爲產物（文化與文明）；「天人合一」意指文化與文明產物要能與自然契合，形成和諧關係。

牛馬生來有四隻腳，這叫做天然；用馬絡套住馬頭，用牛鼻綰穿牛鼻，這叫做人為。所以說，「不要用人為去毀滅自然，不要用造作去毀滅稟性。」1

地表有很多河流經常氾濫，這是自然災害，而自古以來的防洪治水則是文明產物。但這種人爲治理卻必須尊重自然、符合自然，如果違逆自然、甚至想毀滅自然，那就會得到反效果、製造更多的問題。台北市基隆河的截彎取直工程就是一個典型的例子。基隆河的河道曲折，且上游山區雨量甚多，每當颱風或豪雨來襲，就會在下游地區造成水患，爲了利於洪水宣洩，從一九九一年起，在台北市境內的松山、內湖、南港河段實行截彎取直工程。在完工後，台北市段的水患雖然獲得改善，但卻因河道縮短，使得漲潮時潮水逆流而上，結果當降雨量大時，中游的汐止、五堵等地區反而發生更嚴重的水患。

這種「以鄰爲壑」就是違逆自然的結果。基隆河在台北市內的彎曲河道是自然形成的，它的存在一定有它的道理，魯莽地改變它，截彎取直，必然會帶來意想不到的後果。這也正是莊子所說的：

擾亂自然的常規，違逆萬物的真情，整個自然的狀態不能保全。群獸離散，飛鳥夜鳴；災害波及草木，禍患降臨昆蟲。唉，這是人為治理的過錯啊！2

類似的情況不只發生在台灣，譬如德國的萊茵河也經常氾濫成災，以前的專家也認爲那是河道太過彎曲所致，而在一九五〇年代對萊茵河的許多支流進行截彎取直的整治，結果水患更加劇烈。直到一九八〇年代，德國政府才公開認錯，將截彎取直河道再改回原來的自然彎曲。而對基隆河的整治，爲了解決汐止地區的水患，專家們也改採比較接近自然的方式——在瑞芳興建員山子分洪道，當水量過大時，上游的洪水即有部分經由此分洪道直接排入太平洋，使中游的五堵、汐止不再飽受洪水的肆虐。

近年來，大家在防治自然災害方面，已愈來愈懂得要尊重自然、順應自然，而有所謂的「自然工法」（以自然的材質恢復原先的自然樣貌）。雖然將人爲的工法稱爲「自然」，本身就不太通，但能盡可能地仿效自然、接近自然，也算一大進步。跟「自然工法」類似的還有「人體工學」，也就是根據人體自然的結構、生理、運作等來決定家具的尺寸、造型，讓人在使用時能與家具更「合一」，更舒適也更安全，這也是「天人合一」。

各種文化建設或文明措施，若能回到它們最初的源頭，以「不要擾亂自然的常規，不可違逆萬物的眞情」爲最高原則，與自然形成和諧關係，那就能讓我們在享受文明成果的同時，又能將危害減至最少。

1 牛馬四足，是謂天；落馬首，穿牛鼻，是謂人。故曰：「無以人滅天，無以故滅命。」——〈秋水〉

2 亂天之經，逆物之情，玄天弗成；解獸之群而鳥皆夜鳴；災及草木，禍及止蟲。意！治人之過也！——〈在宥〉

以天待人——效法自然不要誤入歧途

每一個到北京天壇的遊客，都會看到或聽到這樣的介紹：天壇是圓形的、用的是藍色琉璃瓦、欄板望柱和台階數都是九或九的倍數（天是陽，而九爲陽的極數）、北圓南方的壇牆和圓形建築搭配方形外牆的設計，都是在效法自然界的「天圓地方」，也是「天人合一」生命觀的具體呈現。但莊子若聽到這樣的說法，很可能會搖頭苦笑，因爲那反映的其實是董仲舒的「天人對應」觀，跟他的「天人合一」觀可說相差十萬八千里。

很多人認爲天壇的建築是在仿傚自然，但請問自然界哪有什麼直線、正圓形、正方形和數字？所謂「天圓地方」不過是人類感官思維的虛幻投射。天壇建築結構的精準是用鉤、繩、規、矩做出來的，莊子特別指出：

用鉤、繩、規、矩來端正事物形態的，這是削損事物本性的做法；用繩索膠漆來固定，則是侵蝕了事物的本然。1

天壇很美，但那是人爲的美、文明的美。「是什麼就說什麼」，不必矯情說什麼「天人合一」，更不可把「破壞自然」當成是在「效法自然」。在我們的社會裡，到處可見這一類的錯誤觀念，譬如在現代化的都市裡，街道兩旁多廣植樹木，綠意盎然，爲的是讓人有彷如「置身自然」的愉悅感，但請問自然界的樹木會像都市行道樹般每隔五公尺就長一棵、而且被修剪成同樣的高度和模樣嗎？在莊子眼中，這根本是違逆自然、摧殘天性的做法。把「逆天」看做「順天」，將「天人對立」捧爲「天人合一」，這樣就會讓我們的人生、整個社會、還有人與自然的關係誤入了歧途。

古時候的真人，用順任自然的態度來對待人事，不會用人為去干擾自然。2

在文明社會裡，幾乎每種事物都有人爲的成分，既是人爲，就多少會干擾自然，我們能做到的是盡量「用順任自然的態度來對待人事」，譬如窯洞雖也是人爲產物，建造時也用到鉤、繩、規、矩，但它順任自然，充分利用黃土高原的特性，就地取材、鑿土挖洞、依山傍崖，不僅施工簡便、冬暖夏涼，而且與自然景觀融爲一體，這才是人爲與自然的契合，也是莊子所說的「天人合一」。

現代人注重養生之道，專家一再叮嚀我們「三餐要定時定量」，有人還標榜這是一種「自然養生法」，但它同樣是一種嚴重的誤導。畫家劉其偉一生多采多姿，熱愛大自然，八十一歲時還組團到巴布亞紐幾內亞探險，九十歲時才因主動脈剝離而突然（自然）過世。在他生前，有人問他的「養生之道」，他說他跟野生動物一樣，「睏了才睡，餓了才吃」，興致來了，熬夜到凌晨三、四點，睡到快中午才起床；三餐既不定時、也不定量。有人也許會皺眉，但這樣才是「自然」啊！這樣的養生法才叫「天人合一」啊！如果你認爲「不規律」的睡眠和飲食習慣在「摧殘」自己的身體，那其實是你受到某些非自然觀念「摧殘」的關係。

當然，這不是說「三餐定時定量」不好，而是我們要知道那是「不自然」的，能經常從這種「不自然」解脫出來，反而能給我們「回歸自然」、「天人合一」的舒暢感。對莊子來說，「天人合一」既不高深、也不玄妙，它不僅是一種哲學、生命觀，更是一種行事原則、生活方式，只是多數人都誤解了它的含意，而沒有落實在日常生活中。

1 待鉤繩規矩而正者，是削其性；待繩約膠漆而固者，是侵其德者也。——〈駢拇〉

2 古之真人，以天待人，不以人入天。——〈徐無鬼〉

宇宙意識——如何讓「天地與我並生」？

存在主義哲學家卡繆說：「人是唯一會思考自身存在問題的生物。」在這個塵世，你要如何看待你的存在？也許應該先問：你如何看待你存在的這個世界、還有和你一起存在的萬物？對此，莊子提出了一個讓無數人爲之傾倒、折服的觀點：

天地與我共生共存，萬物與我渾為一體。既然已經合一，還能夠有什麼議論？既然已經合一，豈能夠沒有什麼看法？1

這是莊子在精神層面的「天人合一」觀。在這裡，「天」指天地萬物，「人」指個人。很多人認爲，「天地與我並生，萬物與我爲一」是一個理想境界，其境界之高超、脫俗、完美，若非思想飄逸、心靈澄澈者根本無法企及，甚至難以想像。但從現代的科學觀點來看，它並非只是一個純想像的理想境界，而很可能是一種眞實存在的美妙體驗，我們每個人都有機會遇到它。

就像莊子所說，這種「天人合一」的美妙體驗讓人渾然忘我，雖然「欲辯已忘言」，但若想打破砂鍋問到底，「豈能夠沒有什麼看法？」下面就是當代腦神經生理學對這種奇妙體驗的看法。

美國賓州大學的精神科教授達奎里是專門研究這種所謂「天人合一」、「宇宙意識」或「超然存在」體驗的專家，他說有過這種體驗的人還不少，下面就是他提供的一個案例：英國有位物理學家，三十七歲時到鄉間訪友，有一天起得很早，在早餐之前先來個晨泳。當他的身體沉入水中時，突然覺得自身與周遭的冷水融合爲一，「宇宙是如此美妙」的想法讓他體驗到一種前所未有的欣喜。在往後六年中，這種感覺雖然慢慢淡化，卻從未離開過他。他也因此而對宗教產生興趣，並加入了英國國教。他說這次經驗爲他的人生帶來了全新的動機與遠景。

這種體驗從何而來？達奎里指出，當人在進入「意識轉變狀態」，譬如長時間打坐、宗教冥想、作夢或吸食迷幻藥時，自我的籓籬瓦解，在剎那之間會感覺到與天地萬物契合，成爲絕對、單一而完整的存在。當事者會受到無比的感動，認爲在那一瞬間瞥見了宇宙的奧祕與人間的眞理，這種經驗很美妙，讓人想要一吐爲快，但卻又很難用言語來表達。莊子很可能就是有過這種體驗的人，他的「蝴蝶夢」就是一個很好的例子。

從今日的大腦科學來看，「天人合一」可以說是由右腦主導的知覺經驗。人的左腦主司語言、邏輯、辨識、分析，右腦則主司直覺、藝術、整體觀照，兩腦透過胼胝體不斷交換訊息，形成我們對外界刺激的認知。當意識進入「轉變狀態」時，左腦受到壓抑或暫時「停電」，不再對外在刺激進行差別辨認、分析與邏輯思考。於是，在右腦領銜演出下，就特別容易產生失去時間感（與天地並生）、物我沒有差別（與萬物爲一）的知覺體驗。

從這裡也可以推知，如果你想跟莊子一樣，有天人合一、超然存在的美妙體驗，那就應該讓你的左腦多多休息，不要對周遭的事物做過多的差別辨認、分析與邏輯思考，而要讓右腦多多發揮它的直覺與整體觀照能力。

1 天地與我並生，而萬物與我為一。既已為一矣，且得有言乎？既已謂之一矣，且得無言乎？——〈齊物論〉

天下一氣——「萬物與我爲一」不是夢

人生是好是壞、是冷是暖？歸根究柢是個「如人飲水」的體驗問題。你能有什麼體驗跟你的認知和境界有關，莊子有一個讓人非常嚮往的美妙體驗，那就是他的蝴蝶夢：

> 從前，莊周夢見自己變成蝴蝶，翩翩飛舞的一隻蝴蝶，四處悠遊，多麼愉快和愜意啊！根本不知道自己原來是莊周。忽然醒過來，才驚覺自己分明是莊周。不知道是莊周作夢化為蝴蝶呢，還是蝴蝶作夢變成莊周？莊周與蝴蝶必定是有所分別的。這種轉變就叫做「物化」。[1]

所謂「物化」，就是消除自我與他物的分別、界限，化爲那個物或與物合一。雖然說是在夢中，但莊子能有這種美妙的體驗，主要是來自他一貫的「齊物」觀點：譬如「天地與我並生，萬物與我爲一」（〈齊物論〉）、「天地一指也，萬物一馬也」（〈齊物論〉）、「天地雖大，其化均也；萬物雖多，其始一也」（〈天地篇〉）、「假於異物，託於同體」（藉著不同的原質，聚合而成一個形體，〈大宗師〉），這些都在表示天地萬物的來源是同一的，差異只是元素的不同組合。而最傳神的莫過於：

人的出生，乃是氣的聚合，氣的聚合便成生命，消散便是死亡。……所以，萬物是一體的。……「整個天下不過是通於一氣罷了」。也因此，聖人珍貴（無分別的）同一。2

不只是人，萬物的生死存亡也都是「氣的聚散」，這個「氣」是沒有個別差異性的，所以才叫「通天下一氣」。這樣的觀念讓人想起澳洲土著的生命觀。人類學家告訴我們，澳洲土著認爲人的生命是由「精靈」和「肉體」所組成，但這個「精靈」跟多數民族的「靈魂」不太一樣，它沒有「主體意識」。當人死時，肉體腐爛，回歸大地塵土，而逸出的「精靈」同樣回歸它的母體——融入「大地精靈」中。小孩誕生時，「大地精靈」再撥出一小部分，成爲小孩的「精靈」。其他生物的生命大抵也隨著同樣的方式輪迴。

從這個粗略的描述不難看出，澳洲土著觀念裡的「精靈」跟莊子所說的「氣」是多麼相似，沒有什麼「你的氣」、「我的氣」或「袋鼠的氣」，人與人、人與物之間沒有差別，「通天下一氣」。也因此，澳洲土著成了最能與自然和諧相處，最有「天地與我並生、萬物與我爲一」觀點與體驗的民族之一。澳洲土著向來被認爲是相當「原始」的，但「原始」絕非「幼稚」，反而是在告訴我們什麼才是「最基本」、甚至是「最重要」的。一再主張要回到一切的源頭、反璞歸眞的莊子，在這方面有跟澳洲土著類似的看法是一點也不足爲奇的。

身爲一個現代人，你如果想要有「萬物與我爲一」、「通天下一氣」的體驗，那你需要的不是前往蠻荒世界，去過幕天席地、茹毛飲血的原始生活，而是要在高樓大廈的冷氣房裡放棄你的「主體意識」，忘記那些要你做「獨特而唯一存在」的說辭，因爲你愈「唯一」，你就愈不可能和萬物「爲一」。中國的莊子和飄盪在澳洲蠻荒大地上的幽靈如是說。

1 昔者莊周夢為胡蝶，栩栩然胡蝶也，自喻適志與！不知周也。俄而覺，則蘧蘧然周也。不知周之夢為胡蝶與，胡蝶之夢為周與？周與胡蝶，則必有分矣。此之謂物化。——〈齊物論〉

2 人之生，氣之聚也。聚則為生，散則為死。……故萬物一也，……「通天下一氣耳。」聖人故貴一。——〈知北遊〉

質能不滅——沒有生死，只有變化

自古艱難唯一死。所謂「好死不如歹活」、「活著，就是最大的擁有」，在生與死之間，多數人都是愛生惡死、貪生怕死的。我們要如何克服對死亡的焦慮、恐懼與悲傷，進而以平靜、安適，甚至歡樂的心情來面對死亡，除了前幾章所提到的一些方法外，莊子也勸我們以更寬廣的視野來看待生與死：

生是死的延續，死是生的開始，誰知道其中的規律！人的出生，乃是氣的聚合，氣的聚合便成生命，消散便是死亡。如果死生是相屬的，我又要憂患什麼呢？所以，萬物是一體的。世人把認為美好的東西看作神奇，把討厭的東西視為臭腐，但臭腐的可以轉化為神奇，而神奇的也可以再轉化為臭腐。1

一般人認爲生與死是對立的，所以生就是神奇的、讓人愛戀的；而死則是臭腐的、讓人討厭的。但如果把生與死視爲只是「天下一氣」的聚與散所形成的不同狀態，就像晝與夜的延續、變化般，有聚就有散，能散方能聚。有生就有死，有死方有生。那生死不只是一體的，甚至可以說「沒有生死，只有變化」。

（生命）藉著不同的原質，聚合而成一個形體；遺忘裡面的肝膽、外面的耳目，讓生命隨著自然而循環變化，不究詰它們的分際；安閑無繫地神遊於塵世之外，逍遙自在於自然的境界。2

在莊子眼中，萬物的生或死，不過是組成他們的分子和原子的重新排列而已。他顯然很早就有「質能不滅」的概念，在〈大宗師〉篇裡，當子來快死時，來探望的好友子犁問他造化者又要把他變成什麼？是「鼠肝」還是「蟲臂」？正是這個意思。而在〈列禦寇〉篇裡，反對厚葬的莊子在死前說要「以天地爲棺槨」，弟子們擔心烏鴉和老鷹啄食他的遺體，莊子笑說：「棄屍地面會被烏鴉和老鷹吃，深埋地下則會被螞蟻吃，奪走烏鴉老鷹的食物再交給螞蟻，你們怎麼如此偏心！」臭腐的死亡與屍體在進入「質能不滅」的循環後，很快就又會形成神奇的新生命，就是這樣的觀念使得莊子能以豁達的態度來看待自己的死亡與葬式。

在〈齊物論〉裡，莊子更有「方生方死，方死方生」之說，意思是「生」與「死」無時無刻不在我們身上進行著，譬如今天這裡掉了一顆牙齒，明天那裡長出一塊新皮膚。有人說，我們身上的細胞和分子不斷地「死」又不斷地「生」，每隔七年就全部都是「新」的，也就是說在細胞層面，過去的那個你已經「死」了，而現在的你則是「另外一個人」了。但你覺得你不僅「沒有死」，更「沒有變」，這其實是一種「幻覺」。如果能把自己的身心當做各種「生」與「死」不斷流轉的一個場域，那麼傳統定義裡那個最後的「死亡」也不過是整個變化流轉過程裡的一個點，這樣就較能勘破生死，而不再那麼愛生惡死、貪生怕死。

在放寬視野後，個人的生死只是自然循環的一個過程，就像羅馬皇帝哲學家安東耐諾斯所說：「我是由因緣與物質而形成的，兩者都不會破滅而歸於無，因爲兩者都不是無中生有的。所以我的每一部分，將會經過變化而成爲宇宙的某一部分，然後再變成另一部分，以此類推以至於無窮。」在這個無窮的循環中，沒有生死，只有變化，我們有什麼好煩惱和恐懼的呢？

1 生也死之徒，死也生之始，孰知其紀！人之生，氣之聚也，聚則為生，散則為死。若死生為徒，吾又何患！故萬物一也，是其所美者為神奇，其所惡者為臭腐；臭腐復化為神奇，神奇復化為臭腐。——〈知北遊〉

2 假於異物，託於同體，忘其肝膽，遺其耳目，反覆終始，不知端倪，芒然彷徨乎塵垢之外，逍遙乎無為之業。——〈大宗師〉

無為而為——既要行天道，也要盡人道——

經驗告訴我們，有很多事情是做得愈多就錯愈多，問題反而愈變愈複雜，甚至尾大不掉，難以收拾。眞是「早知如此，何必當初？」這時，難免會想起「無爲而治」這句古話，開始覺得「多一事不如少一事」，少點作爲，到最後說不定還能「無事一身輕」。能這樣想，當然也不錯，但這跟「無爲」，特別是莊子的「無爲」觀，還是有一大段距離。

首先，莊子所說的「無爲」，除了有「不作爲」之意外，更有「不干預」、「不去擾亂」事物之自然發展的意思：

你只要處於無為之境，萬物就會自生自化。……萬物紛雜繁多，全都各自回歸本性，而各自回歸本性卻是出於無心。1

一個最典型的例子就是「封溪護漁」。所謂「封溪」，並不是要對魚類枯竭的溪流「有所作爲」，而是請大家高抬貴腳，遠離此地，不要再進來抓魚、烤肉，不要插手做任何事，讓萬物依其本性「自生自化」，一段時間後，自然就能恢復它們原有的生機，溪流變清澈了，花草欣欣向榮，魚蝦嬉遊其間。

其次，「無爲」還有「無用意之作爲」或「無所謂而爲」的意思，也就是〈天地〉篇所說的「無爲爲之謂之天」（用無爲的態度去做就叫自然）。人類的作爲通常含有目的性，甚至是爲了滿足個人的私欲與私利，結果爲塵世帶來種種紛擾。譬如前面所說當年台北市政府對境內的基隆河進行「截彎取直」的工程，表面上是爲了防洪治水，但另有一個目的卻是在截彎取直後可以增加不少可用的新生地。這個目的大大擾亂與干預了自然，結果並沒有達到預期的防洪治水效果。

> 遊心於恬淡之境，合氣於清靜無為之域，順應事物自然的本性而沒有個人的私心，天下就能得到治理。2

最後，「爲」是有層次之分的。〈在宥〉篇說，「天道」是無所作爲而處於崇高地位的，「人道」是有所作爲而積勞累苦的（無爲而尊者，天道也；有爲而累者，人道也）。在社會層面也有著類似的「天人」關係：

在上位的必須無為，才能役用天下；在下位的必須有為，才能為天下所用，這是不變的道理。[3]

對現代人來說，這段話可以被理解爲：如果你想讓他人（特別是下屬或子女）發揮他們的才情與功能，那你就要「無爲」——不越俎代庖，也不干涉阻擾，讓他們順性發展，並盡到他們應盡的責任。如果你想發揮自己的才情與功能，盡到自己應盡的責任，那你就必須「有爲」，因爲這也是做人的道理和本分（人道）。

所以，莊子並非要我們「無事一身輕」或「多一事不如少一事」，而是奉勸我們必須在某些方面「無爲」，某些方面「有爲」，既行「天道」又盡「人道」，這也是另一種形式的「天人合一」。

1 汝徒處無為，而物自化。……萬物云云，各復其根，各復其根而不知。——〈知北遊〉

2 遊心於淡，合氣於漠，順物自然，而無容私焉，而天下治矣。——〈應帝王〉

3 上必無為而用天下，下必有為為天下用，此不易之道也。——〈天道〉

渾然為一——做個出神入化的工作達人

很多人工作只是為了混口飯吃，但在各行各業中，我們還是可以看到一些不僅熱愛他們的工作，而且做得非常優雅，神乎其技，完美得讓人嘆為觀止的工作達人。〈養生主〉裡那位替文惠君殺牛的庖丁，就是一個很好的例子。看他殺牛就好像在欣賞一場藝術表演，他身體與刀子的動作，還有隨之而來的聲響，既符合《桑林》舞曲的拍節，又符合《經首》的樂曲節奏。嘖嘖稱奇的文惠君問他是怎麼辦到的？庖丁說：

我所喜好的是「道」，已超過一般的技巧。我剛開始殺牛時，所看見的都是一頭牛的整體；三年之後，就不曾再看到整體的牛了。現在，我只用心神去領會而不必用眼睛去觀察，眼睛的官能停了下來，但心靈的作用還在不停地運行。[1]

意思是說他的身心不僅完全融入工作中，而且還和他的對象（牛）渾然成為一體。他憑「直覺」去殺牛，而被殺的牛竟也渾然無覺，在被完全分解開來後，還「不知道自己已經死了」。

庖丁說他這已不是一般的技巧，而是進入了「道」的境界。聽起來似乎像個「神話」，但有這種「神技」的人還不少，譬如日本有位橫彥曾幌，工作是從剛孵出的一堆小雞裡抓出母的，剛開始，他必須翻看小雞的性器官才能辨別雌雄，但在摸過、看過三、四百萬隻小雞後，他只要對小雞看一眼，就能憑直覺分辨其性別，準確率高達九八％。這不只是「熟能生巧」而已，他還進入一種「無意識」狀態：

沒有意識到萬物的存在，也不感受到天理自然的支配，就叫做「忘我」。忘我的人，便可和天理自然合而為一。2

這其實也是一種「天人合一」——當事者和他的工作及工作對象合為一體、物我兩忘，融通於宇宙大道之中。但要如何才能達到這種境界呢？〈達生〉篇裡有個故事說：一位叫慶的木工，削刻木頭所做成的鐻（一種樂器），見者無不驚為鬼斧神工。魯國國君問他有什麼祕訣，慶木匠說他並沒有什麼特別高明的技術，不過有一點似乎值得一提：

我準備做鐻時，不敢耗費精神，必定齋戒來靜養心思。齋戒三天，不再懷有慶賞爵祿的思想；齋戒五天，不再心存毀譽巧拙的雜念；齋戒七天，忘掉了自己的四肢和形體。就在這個時候，我的心中已不存在公室和朝廷，技巧專一而外擾消失。然後我進入山林，觀察樹木的質性，看到形態極合的，一個完整的鐻宛然呈現在我眼前，於是我動手加工製作。若非如此我就不做。這樣讓我的自然契合樹木的自然，所以做出來的樂器才會被疑為鬼斧神工吧！3

慶木匠告訴我們，在工作中，我們只有遺忘各種相關的利害得失、毀譽巧拙，甚至遺忘自己的形體和身分，放空一切，才能「得意」——與你工作的對象完全契合，和宇宙大道通融爲一，然後有出神入化的表現，產生鬼斧神工的作品。

而這，也是我們在工作中所能獲得的最美妙體驗與境界。

1 臣之所好者道也，進乎技矣。始臣之解牛之時，所見無非全牛者。三年之後，未嘗見全牛也。方今之時，臣以神遇，而不以目視，官知止而神欲行。——〈養生主〉

2 忘乎物，忘乎天，其名為忘己。忘己之人，是之謂入於天。——〈天地〉

3 臣將為鐻，未嘗敢以耗氣也，必齊以靜心。齊三日，而不敢懷慶賞爵祿；齊五日，不敢懷非譽巧拙；齊七日，輒然忘吾有四枝形體也。當是時也，無公朝，其巧專而外骨消；然後入山林，觀天性；形軀至矣，然後成見鐻，然後加手焉；不然則已，則以天合天，器之所以疑神者，其是與？——〈達生〉

大道之行——成爲悟道與得道的眞人——

宇宙有萬物，人間有萬象。萬物與萬象相激相盪，又不斷演繹出讓人目不暇給、難以計數的新事物、新現象。置身在這種錯綜複雜的網絡裡，難免讓人感到錯亂與迷失。自古以來，所有的智者都告訴我們，紛亂的表象背後其實存在著某些簡單的法則，如果能了解、掌握這些基本的規律，我們就可化繁爲簡，有效地處理人間事務，並得到心靈上的自由。

存在於萬物與萬象背後的基本法則，讓人想起莊子所說的「道」：

「道」是真實而又確鑿可信的，但它也是無為和無形的；「道」可以心傳而不可以口授，可以領悟卻不可以目見；「道」自身就是本、就是根，在還沒有天地之前的遠古時代就已經存在；它引出鬼神，產生天地。1

莊子認爲，「道」是一切的源頭和根本，是抽象而難以言傳的。當代科學家和哲學家爲我們理出的各種物理定律、思維結構，都只是「道」的部分顯影，或對它的一種人爲描述，但並不是眞正的「道」。我們只能感覺「道」的存在，知道它無所不在，就像〈知北遊〉篇裡莊子對東郭子的回答，在螻蟻、稊稗、瓦甓、屎溺中都有「道」的存在。而且，「道」在不同的領域有不同的面貌（表象），但都居於主導地位：

> 自然規律的運行從不停頓，所以萬物得以生成；帝王之道的運行規律也從不停頓，所以天下百姓歸順；聖人之道的運行也不曾停頓，所以海內傾心折服。2

莊子所說的「道」，跟結構主義大師李維史陀所說的「結構」有些類似之處：在某一個層次出現的結構（道），必然也會在另一個層次出現。我們若能領悟並進而把握「道」的運作法則和基本精神，那麼在每個領域就都能如魚得水，無往而不利：

> 狶韋氏得到它，可用來統馭天地；伏羲氏得到它，可用來調合元氣；北斗星得到它，就永遠不會改變方位；太陽和月亮得到它，能永遠運行不息；……黃帝得到它，可以登上雲天；顓頊得到它，可以居住玄宮。3

一個「得道」的人，不僅能解決他在物質層面所遇到的各種問題，在精神層面，他也能怡然自得、逍遙自在。但要達到這個境界，他必須先「虛己」，也就是屏除成見、忘懷私欲、放空自己，順應自然法則，讓自己的身心成爲「道」的載體。

古時候的真人，不知道悅生，不知道惡死；出生不欣喜，入死不拒絕；無拘無束地去，無拘無束地來而已。不忘記他的來源，也不追求他的歸宿；事情來了欣然接受，事情走了就忘懷，讓它回歸自然。這就是不用心智去損害道，也不用人為去輔助天然，這就是真人。[4]

人的肉身與心靈都是自然的一部分，所爲、所思與所感若都能與自然法則相呼應，那就像穿著合適的鞋子走路，忘記了腳、忘記了鞋，也忘了自己正在走路，在「道」中得到大自在與大自由。

1 夫道，有情有信，無為無形；可傳而不可受，可得而不可見；自本自根，未有天地，自古以固存；神鬼神帝，生天生地。——〈大宗師〉

2 天道運而無所積，故萬物成；帝道運而無所積，故天下歸；聖道運而無所積，故海內服。——〈天道〉

3 豨韋氏得之，以挈天地；伏羲氏得之，以襲氣母；維斗得之，終古不忒；日月得之，終古不息；……黃帝得之，以登雲天；顓頊得之，以處玄宮。——〈大宗師〉

4 古之真人，不知說生，不知惡死；其出不訢，其入不距；翛然而往，翛然而來而已矣。不忘其所始，不求其所終；受而喜之，忘而復之。是之謂不以心捐道，不以人入天，是之謂真人。——〈大宗師〉

天地有大美——宇宙是一首美妙的交響樂

黎巴嫩詩人紀伯倫說：「我們活著是為了發現美，其他只是一種等待的形式。」的確，生活的溫飽只是基本的需求，在基本需求獲得滿足後，我們會轉而去追求、體驗各種美麗、美妙、美好的事物。但什麼叫做「美」卻很難說得清楚，不僅範疇和層次非常廣泛，而且還人言人殊。

莊子也談「美」，從前面一些相關的篇章介紹可知，莊子認為人人都可以感知「美」，但美感經驗跟其他知覺一樣是相對的，不同的人對什麼是「天下眞正的美色」有不同看法，很多被認為「美」的，卻被某些人認為「醜」；而很多被認為「醜」的，則被某些人認為是「美」。差別在於有些人只看重表象（外在），有些人則注重實質（內在）。莊子勸我們要將審美的眼光從表象轉移到實質，這樣的觀念讓人想起英國哲學家休謨所說的「事物的美只存在於為之冥想的心靈中」，還有詩人紀伯倫的「美不是在臉上，美是心中的一道光」。莊子可以說是他們的先行者。

但更重要的是，不管是內在還是外在，莊子認為美的本質在於「素樸」，也就是沒有任何添加、修飾的自然狀態：

保持素樸的天性，天下就沒有什麼東西可以媲美。1

美不是用各種人爲的方法（譬如化妝品）去添枝加葉，而是回歸自然，還我本來面目。因爲不再爭奇鬥豔，所以就不必跟別的東西「比美」，也沒有什麼東西可以跟他「媲美」。這個本來面目除了單純、樸素外，還有眞誠的意思——不管是外貌或言行舉止都自然無僞，自然就是美，眞誠就是美。從這裡不難看出，莊子所認爲的「美的本質」其實也就是「道的本質」，從宇宙、天地、萬物、人事到磚瓦，道無所不在，美也無所不在，而貫穿其間就是一些單純的自然法則：

天地間存在著偉大的美卻不言語，四時運行具有明顯的規律卻不議論，萬物變化有其生成的道理卻不說話。聖人探究天地偉大的美而通曉萬物生長的道理，所以「至人」順任自然無為，大聖也不會妄自造作，這就是取法於天地的緣故。2

自然界的美不僅是素樸的「自然美」而已，你還可以從中感受到某種秩序、法則之美，也就是「道之美」。就像諾貝爾物理獎得主費曼所說：「那些不了解數學的人，很難對自然的美感，那最深刻的美感，能夠眞正有所體會。」但莊子所體會、並爲我們呈現的並不只是自然界的「數學之美」而已，而是自然與文化的「結構之美」，更接近結構主義大師李維史陀所說的「交響樂之美」。李維史陀說交響樂的樂譜由左至右看是每種單一樂器演奏的「旋律」，但由上往下看則是各種不同樂器同時奏出的「和聲」，從自然到文化、宇宙到人事，它們的表現就跟交響樂的演奏一樣，乃是在不同的層次上重覆奏出主題或主題的變奏，讓我們在聆賞中感受到一種單純而又深刻的美，並產生共鳴，覺得「天地與我並生，萬物與我爲一」。

這也是我們在這個塵世所能體驗的最單純而又最深刻的美，它不用追尋，而只等待我們去發現。

1 樸素而天下莫能與之爭美。——〈天道〉

2 天地有大美而不言，四時有明法而不議，萬物有成理而不說。聖人者，原天地之美而達萬物之理，是故至人無為，大聖不作，觀於天地之謂也。——〈知北遊〉

看世界的方法 035

莊子陪你走紅塵

作者 王溢嘉
整體美術設計 洪于凱
設計協力 林緹櫻

董事長 林明燕
副董事長 林良珀
藝術總監 黃寶萍

社長 許悔之
總編輯 林煜幃
副總編輯 施彥如
美術主編 吳佳璘
主編 魏于婷
行政助理 陳芃妤

策略顧問 黃惠美・郭旭原・郭孟君
顧問 施昇輝・林志隆・張佳雯・謝恩仁
法律顧問 國際通商法律事務所／邵瓊慧律師

出版 有鹿文化事業有限公司
地址 台北市大安區信義路三段106號10樓之4
電話 02-2700-8388
傳眞 02-2700-8178
網址 www.uniqueroute.com
電子信箱 service@uniqueroute.com

總經銷 紅螞蟻圖書有限公司
地址 台北市內湖區舊宗路二段121巷28號4樓
電話 02-2795-3656
傳眞 02-2795-4100
網址 www.e-redant.com

ISBN：978-986-6281-39-6
初 版：2012年9月 初版第十四次印行：2023年5月10日
定 價：280元

國家圖書館出版品預行編目(CIP)資料

莊子陪你走紅塵／王溢嘉著.
—初版.—臺北市：有鹿文化, 2012.09
面；公分.—(看世界的方法；35)
ISBN 978-986-6281-39-6(平裝)
1.莊子 2.人生哲學
191.9 101014114